1914/18: Soldatenzeit

Hermann Wendt

1914/18: Soldatenzeit

Aufzeichnungen im
„Großen Weltkrieg"

Bibliografische Information der Deutschen Nationalbibliothek:
Die Deutsche Nationalbibliothek verzeichnet diese Publikation
in der Deutschen Nationalbibliografie; detaillierte bibliografische
Daten sind im Internet über www.dnb.de abrufbar.

ISDN 9783756843206

Herstellung und Verlag:
BoD - Books on Demand,
Norderstedt

Umschlaggestaltung, Layout und Druckvorlage:
Dirk H. Wendt

Umschlagbild Mohnfeld:
Vielen Dank an Pexels auf Pixabay

Bilder im Inneren: Privat-Archiv Wendt
(Mit Ausnahme der zahlreichen heute lizenzfreien Feldpost-Motive
sind sie urheberrechtlich geschützt)

Inhalt

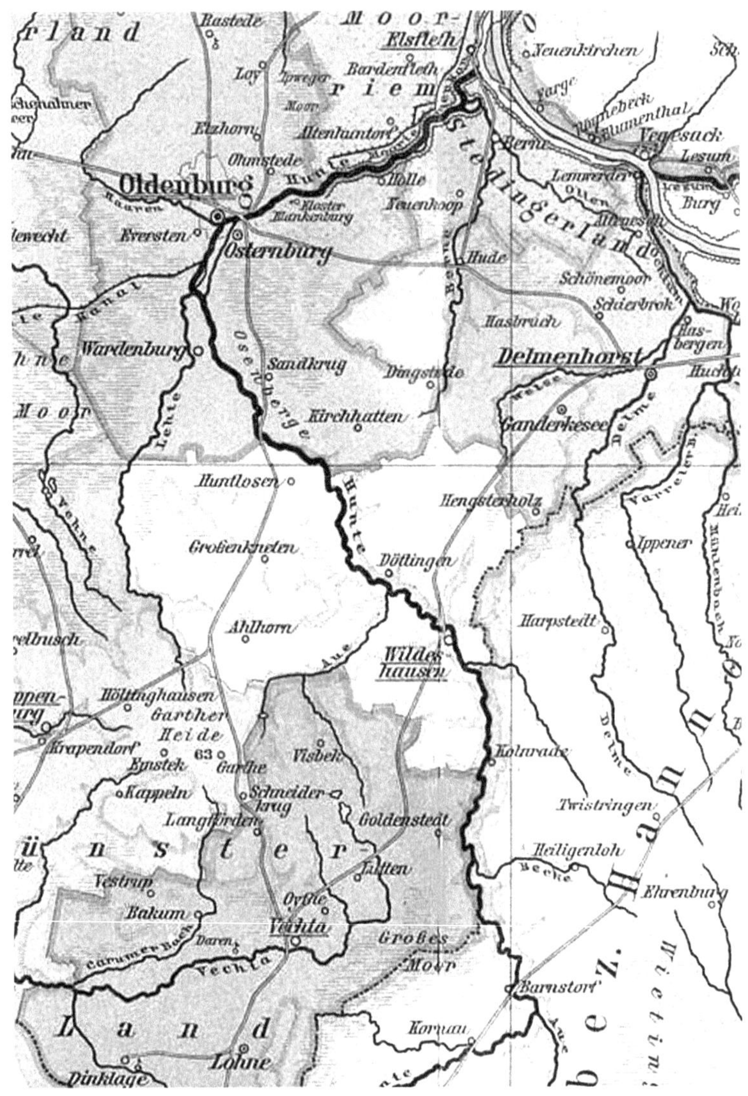

Die Karte zeigt einen Ausschnitt des Großherzogtums Oldenburg im Jahre 1914.
Oben links die Hauptstadt Oldenburg und Garnison des Oldenburgischen Infanterie-Regiments 91, rechts außen im südlichen Teil des Stedinger Landes nördlich von Delmenhorst die Ochtum und in der Mitte des unteren Teils die Stadt Wildeshausen mit den Dörfern Lüerte und Düngstrup südlich davon

Ein Wort vorab

Mein Großvater Hermann war 33 Jahre alt, als der 1. Weltkrieg ausbrach. In seiner vierjährigen Soldatenzeit machte er fleißig Notizen über das Erlebte, die er dann von April bis August 1918 in einem „Rückblick für meine Jungen" ausformulierte und aufzeichnete, bevor er in den letzten Kriegswochen an der Westfront den Tod fand. Seine Frau Minna erkannte die Qualität und Bedeutung seiner Aufzeichnungen und ließ sie in den „Erinnerungs-Blättern der Landgemeinde Wildeshausen an die gefallenen Krieger" im Jahre 1921 veröffentlichen. Die kleine Auflage war zwangsläufig nur regional verbreitet.

Das Heftchen hatte ich im Nachlass meines Vaters Fritz gefunden. Aufgrund der aktuellen Ereignisse in der Ukraine kam es mir wieder in den Sinn. „Das muss vor dem Vergessen bewahrt werden!" war nun mein Gedanke. So reifte die Idee, aus den Aufzeichnungen das vorliegende Buch zu machen. Ich habe dabei die gedruckte Version als Faksimilés benutzt, den Inhalt also in keiner Weise verändert oder redigiert, sondern nur – zwecks besserem Verständnis – strukturierende Zwischenüberschiften ergänzt und Bilder aus dem privaten Archiv dazu gegeben.

Über den 1. Weltkrieg ist viel geschrieben worden. Sage und schreibe sieben bis acht Millionen Feldpostbriefe und -karten schickten die Soldaten täglich zu ihren Angehörigen nach Hause. Oft waren die Schilderungen geschönt, um die Lieben nicht allzu sehr zu beunruhigen. Das meiste ist in den gut 100 Jahren verloren gegangen.

Geblieben sind vor allem die bekannten und im Jahre 1928 erschienenen Romane „Im Westen nicht Neues" von Erich Maria Remarque (im Herbst 2022 zum dritten Mal verfilmt) und „Der stille Don" von Michail Scholochow, in denen die Brutalität des Krieges und seine Unsinnigkeit erschütternd aufgezeigt werden.

Wenn man nun Schilderungen aus der damaligen Zeit liest und bewertet, sollte man fairerweise berücksichtigen, unter welchen Gesellschaftsverhältnissen sie entstanden sind.

Große Teile des Bürgertums arrangierten sich mit dem Obrigkeitsstaat, der monarchisch war und von aristokratischen Herrenschichten dominiert wurde. Doch es gab auch Kritik. Und die bezog sich vor allem auf das Verhalten der „großen" Politik. Betrachtet man nun weitere gesellschaftliche Felder, muss man differenzierter urteilen. Bei den Bürgern wuchs das Selbstbewusstsein. Das zeigte sich nicht nur im Wirtschaftsleben, sondern auch in anderen Bereichen der Öffentlichkeit. Sie nahmen zunehmend die Entwicklung ihrer Kommunen aktiv in die Hand. Eine Vielzahl von Vereinsgründungen zeugt davon. Schützen, Sänger, Turner, Logen. politische Verbände und andere prägten das öffentliche Leben. In diesen Prozess war auch mein Großvater als Hauptlehrer einer dörflichen Gemeinde eingebunden.

An Bedeutung gewannen ebenso die bürgerliche Tugenden und Wertvorstellungen. Arbeit, Fleiß und Bildung standen nicht nur an oberster Stelle, sondern sie prägten zunehmend auch die Mentalität der bürgerlichen Gesellschaft des Kaiserreiches insgesamt.

Doch bleibt nach wie vor die Frage, warum so viele junge Menschen derart leichtfertig und begeistert in den Krieg zogen. „Das Vorbild war der siegreiche Feldzug von 1870/71 gegen Frankreich", erklärt Gerhard Hirschfeld, Historiker an der Universität Stuttgart. Zwar hatten die Soldaten diesen Krieg nicht erlebt, er wurde aber u.a. in Schulbüchern des Kaiserreiches heroisiert. Das führte nicht zuletzt zu der veralteten und romantisierten Vorstellung, dass man nur für kurze Zeit kämpfen musste und „Weihnachten wieder zu Hause sei". Und noch erstaunlicher: Vor allem Gebildete und Intellektuelle, Studenten und Oberschüler ersehnten den Krieg.

Dazu kam am Anfang der Mobilmachung noch das Erlebnis der Einheit, die Erfahrung, dass Preußen und Bayern, Katholiken und Protestanten sich für die große gemeinsame Sache begeisterten und „ihre Pflicht erfüllten".

Noch ein Wort zu den Bildern auf dem Umschlag:

Das eine zeigt meinen Großvater Hermann Wendt in der Uniform des Vizefeldwebels des Oldenburgischen Infanterie-Regiments 91.
Das Hintergrundbild, das Mohnfeld, wurde von mir nicht zufällig gewählt. Der rote Mohn ist ein Symbol der Erinnerung an die Opfer des Ersten Weltkrieges. Er erhielt diese Bedeutung, weil auf der schwer bombardierten und geschundenen Landschaft an der Westfront in Flandern nur noch wenig wuchs. Nur die unzähligen roten hübschen Mohnblumen verschönerten die Felder und Gräber.

Im Oktober 2022   Dirk Hermann Wendt

Hermann Wendt
* 16.VII.1881   † 14.IX.1918

Vita

Wendt, Hermann, Hauptlehrer in Lüerte; geb. am 16. Juli
1881 zu Blocken b. Stuhr als Sohn des in Oldenburg ver-
storbenen Hauptlehrers Friedrich Wendt. Diente als
Einjähriger von 1903 bis 1904 beim O. I.-R. 91, kam am
2. Mobilmachungstag 1914 nach Oldenburg als Vizefeldwebel d. L. zum I.-R. 91, blieb bis April 1916 in Oldenburg zum Ausbilden von Rekruten (1. Ers.-Batl. I.-R. 91)
und als Leiter der Jugendwehr — zog im April 1916
mit den 91ern nach dem Westen, um Pfingsten nach
Rußland, kämpfte im Oktober mit am Stochod, erkrankte
und kam einige Wochen zur Genesung nach Lodz, während sein Regiment wieder nach dem Westen kam. Nach
einem Urlaub, einigen Wochen Garnisondienst und einem
viermonatlichen Offizierkursus im Warthelager bei
Posen, kam er nach 14 Tagen Urlaub Anfang Juli 1917
wieder zum O. I.-R. 91 nach dem Westen. Dort erkrankte
er nach einiger Zeit so sehr, daß er mehrere Wochen in
Enkenbach (Pfalz) im Lazarett lag. Als er wieder reisen
konnte, kam er nach Oldenburg und lag dort wieder drei
Wochen im Pius-Hospital. Um Weihnachten 1917 im
Lazarett in Salzdettfurt wiederhergestellt, hatte er um
Ostern 1918 einen Munitionstransport nach Frankreich,
kam bis zum 5. Aug. 1918 nach Munster und von dort
nach dem Westen, wo er am 14. Sept. 1918 bei Romain
fiel. Seine Kompagnie, die 11. O. I.-R. 91, beerdigte ihn
10 km von Laon. Pfarrer Stöver Neuenburg hielt die
Grabrede.

Lüerte = Dorf vor den Toren der Stadt Wildeshausen rd. 30 km südöstlich von Oldenburg
Blocken bei Stuhr = damals Dorf südlich von Delmenhorst, wo der Vater Friedrich Hauptlehrer war

Für meine Jungen

Fritz (* Febr. 1910), Heinz (* April 1912)

sowie Herbert (* März 1915)

12

Das Schulhaus Lüerte bei Wildeshausen (wahrscheinlich im Herbst 1913)
mit dem Autor und Hauptlehrer Hermann Wendt, seiner Frau Anna Wilhelmine „Minna", den Söhnen
Fritz (im Vordergrund) und Heinz auf dem Arm des Hausmädchens Emma Meyer.

Wetterleuchten

Es war eine unerträgliche schwüle Luft in den letzten Julitagen des Jahres 1914. Ueber Deutschland hingen seit Tagen die Gewitterwolken des Krieges, und wohl ein jeder fühlte mit bangendem Herzen, daß dieselben bald zur Entladung kommen mußten. Die großen Ferien hatten begonnen. Mutter war mit euch nach Ochtum gereist. Ich hatte noch in Lüerte bleiben müssen, da wir uns in diesem Sommer zum ersten Male auf die Schweinezucht gelegt hatten und eine Sau gerade Ferkel bekommen hatte, die ich noch etwas bewachen mußte. Als ich dann am Donnerstag, dem 30. Juli, nachreiste, sah ich schon überall in sorgende, bangende Gesichter, und alles sprach vom kommenden Kriege. Als ich in Ochtum aber dann zu Mutter und Oma davon sprach, daß ich in einigen Tagen vielleicht in den Krieg ziehen müsse, wollten sie doch nicht so recht daran glauben. Ich hoffte ja zwar auch noch, daß es nicht zum Kriege kommen möge. Freitag kam dann gegen Abend Fräulein W. zu uns herüber, frug, ob ich dort wäre und teilte mir unter dem Siegel der Verschwiegenheit mit, daß auf der Poststelle das erste Telegramm angekommen sei. Da wußte ich, daß keine Hoffnung mehr war, und daß es zum Kriege kommen mußte, denn das erste Telegramm bedeutete, daß jetzt Tag und Nacht jemand am Telephon sein mußte, um sofort ein weiteres amtliches Telegramm aufnehmen zu können. Mit nicht zu sagender Spannung warteten wir nun auf die weitere Nachricht, die doch jeden Augenblick kommen mußte. Aber das Telegramm kam am Abend nicht; es kam auch nicht in der Nacht, die uns nur einen unruhigen, traumvollen Schlaf gönnte, erwarteten wir doch immer, daß Frl. W. hinter das Fenster kommen würde und sagen: „Es ist Krieg." Wir warteten dann bis zum Sonnabend Nachmittag. Da konnte ich es vor

---

Lüerte = Dorf vor den Toren der Stadt Wildeshausen rd. 30 km südöstlich von Oldenburg
Ochtum = Dorf und Fluss in der Wesermarsch, Wohnsitz der verwitweten Schwiegermutter

Spannung im Hause nicht mehr aushalten und bat Mutter, einen Spaziergang mitzumachen. So gingen wir denn mit euch beiden nach Sandhausen und kehrten etwa um 4½ Uhr bei Piepers ein. Hier wurde natürlich auch nur vom Krieg gesprochen. Leute, die von Delmenhorst kamen, erzählten, dort sei schon bekannt geworden, daß es nicht zum Kriege käme. Ich aber konnte nicht mehr an den Frieden glauben. Plötzlich klingelte ganz lang das Telephon. Das war das erwartete amtliche Telegramm. Die Spannung war nun auf das Höchste gestiegen. Onkel und Tante Pieper waren zum Telephon gelaufen. Onkel Pieper kam zurück und sagte, es sei Friede. Gleich darauf aber kam Tante Pieper mit dem amtlichen, aufgeschriebenen Telegramm, und da hieß es: „Mobil!" Da wußte ich, daß ich mich am Montag morgen um 7 Uhr in Oldenburg stellen mußte. Wir gingen mit schweren Gedanken wieder nach Ochtum. Mutter und ich hatten natürlich noch viel zu besprechen, glaubte ich doch, daß ich nur ein paar Tage zum Einkleiden in Oldenburg bleiben und dann sofort ins Feld müßte. Am Sonnntag morgen machte ich mich früh auf den Weg, um nach Lüerte zu fahren. Ich wollte noch einige Schulsachen und andere Sachen in Ordnung machen. In Delmenhorst kaufte ich mir noch erst ein Paar langschäftige Stiefel, ich glaube, für 28 M., die auch solange treu ausgehalten haben, bis sie mir am 21. August 1917 am Kanonenberg in der Champagne aus meinem Tornister gestohlen wurden. Die Zeit war für mich in Lüerte doch zu kurz, um noch viel in Ordnung zu bringen. Ich war auch viel zu unruhig dazu. Auch erhielt ich in den paar Stunden noch allerlei Besuch. So überließ ich denn bald den beiden jungen Mädchen Frieda Ohldebusch und Emma Meyer das Haus und ging nach Düngstrup, verabschiedete mich hier noch von vielen Düngstrupern und fuhr um 4½ Uhr ab nach Oldenburg. In Delmenhorst aber mußte ich lange auf Anschluß war-

---

14

ten. Einen richtigen Fahrplan gab es ja schon nicht mehr. Alle Züge waren voll von Männern, die sich stellen mußten. So kam ich sehr spät in Oldenburg und erst nachts gegen 1 Uhr in Etzhorn bei Oma und Opa an. Vom Schlafen wurde natürlich wieder nicht viel. Am andern Morgen mußte ich ja schon früh zu Fuß los nach Oldenburg.

Front- oder Heimatdienst?

Um 7 Uhr stand ich mit 44 Kameraden, alles Unteroffiziere, ich der einzige Vizefeldwebel auf dem Hof der Kaserne 2a. Sonst war noch alles still und ruhig auf dem Kasernenhof. Man merkte noch nichts von der Mobilmachung. Ich frug den Bezirksfeldwebel, was denn mit uns gemacht werden sollte. Da machte er einen Witz und sagte, wir wären ein Arbeitskommando nach Hannover. Nachdem wir dann einige Stunden gewartet hatten, wurde mir und zwei Unteroffizieren mitgeteilt, wir möchten uns nur unser Reisegeld und eine neue Kriegsbeorderung holen und dann könnten wir bis zum 5. August wieder nach Muttern fahren. Das war mir nun zwar gar nicht recht, denn der Abschied von euch und Mutter war mir doch nicht leicht gewesen, und ich wollte ihn doch nicht gerne noch mal durchmachen. So versuchte ich denn dazubleiben. Aber es nützte nichts. Unterdessen war es aber auf dem Kasernenhof lebendig geworden. Unaufhörlich trafen Mannschaften zu Fuß und zu Wagen ein. Alle in heller Begeisterung. Viele Trupps mit Gesang. Die Wagen waren zum großen Teil bekränzt. Nun begann dann sofort die Einkleidung. Man mußte sich wundern, wie alles klappte. Überall herrschte die schönste Ruhe und Ordnung. Wie war alles doch schon wunderbar im Frieden vorbereitet worden. Bis Nachmittag sah ich mir noch den Trubel an. Auch in der Stadt war überall die größte Begeisterung. Dann ging ich

---

Etzhorn = Dorf am nördlichen Stadtrand von Oldenburg, Wohnsitz der Eltern

zu Fuß nach Etzhorn. Ich wollte eigentlich nicht zu euch nach Ochtum zurück. Unterwegs überlegte ich mir aber doch, daß es wohl besser sei, wenn ich die paar Tage noch bei euch blieb. So fuhr ich denn um 5 Uhr wieder von Etzhorn ab. Von Delmenhorst aus hatte ich Wagengelegenheit mit J. Reinken. Als ich in Ochtum ankam, war dort alles in Aufregung. Ihr wart alle bei Weyhausen. Man hatte an der Ochtum einen Mann festgenommen, von dem man glaubte, daß er ein Spion sei und das Kabel unter der Ochtum habe zerschneiden wollen. Der Wachtmeister von Altenesch hatte ihn geschlossen und verhörte ihn. Später hat sich dann herausgestellt, daß es ein Kunstmaler aus Blumental war. So kamen in diesen Tagen viele Leute unschuldig in den Verdacht der Spionage. Besonders die Automobile wurden überall angehalten, da ein Automobil mit viel Gold von Frankreich nach Rußland unterwegs sein sollte. An vielen Orten hatten die Leute die Straßen mit Tauen, Wagen, Eggen usw. gesperrt. Auch mußten die Dörfer sofort überall an Bahnen, Brücken usw. Posten stellen, damit sie nicht durch Spione zerstört wurden. Mutter freute sich natürlich sehr, daß ich noch wiederkam. Am Mittwoch, dem 5. August, mußte ich dann wieder nach Oldenburg. Hier war noch dasselbe Leben. Unaufhörlich trafen Leute in größeren und kleineren Trupps ein, die sich stellen mußten, alle in heller Begeisterung. Dazwischen drängten sich unzählige Freiwillige, junge, ganz junge und ältere, die angenommen werden wollten, aber oft ohne Erfolg abziehen mußten, da die Zahl der Freiwilligen zu groß wurde. Sie zogen dann von Garnison zu Garnison, oft tagelang, bis sie ihr Ziel erreichten. Der Vater, der die militärische Grenze überschritten und der Sohn, der sie noch nicht erreicht hatte, drängten sich zu den Waffen.

20 Monate Ausbildungsdienst

Ich mußte mich am 5. August wieder auf dem Kasernenhof melden. Überall waren Tafeln mit den Nummern der Listen aufgestellt. Man brauchte nur die Nummer seiner Kriegsbeorderung anzusehen und dann die betreffende Nummer auf den Tafeln zu suchen. Meine Nummer aber konnte ich nirgends finden. Ich war in keiner Liste. Nach stundenlangem Suchen war ich endlich untergebracht. Aber, o Wunder, ich wurde auf den Exerzierplatz vor die Kaserne geschickt, wo ich auch Onkel Emil traf, — und, wie letzterer auch, dem Ersatz-Batl. des Regiments 91 zugeteilt. Ich brauchte also vorläufig nicht ins Feld. Sämtliche Vizefeldwebel mußten eine Korporalschaft übernehmen und dieselbe einquartieren. Ich kam mit meinen Leuten zu dem Rittmeister Voith von Voithenberg am Cäcilienplatz. Hier wurden wir sehr gut aufgenommen. Überhaupt wurden fast alle Soldaten von den Bürgern sehr gut aufgenommen. Einige Ausnahmen gab es ja zwar auch. Ich ging nun jeden Tag mit den Leuten zur Kaserne, um eingekleidet zu werden; aber wir mußten mehrere Tage warten, da wir in Blau eingekleidet werden sollten und die feldgraue Einkleidung vorging. Endlich waren wir dann auch in Uniform, und das Exerzieren der 3. Ersatz-Kompagnie konnte beginnen. Als Kompagnieführer hatten wir Ltn. Degen, einen sehr netten Herrn, der dann, glaube ich, als Oberleutnant 1914 oder 1915 schon gefallen ist. Ich blieb aber nicht lange in der 3. Kompagnie, denn schon am 17. August wurde ich dem 2. Rekruten-Depot des I. Ersatz-Bataillons überwiesen. In diesem Depot habe ich dann bis zum 7. April 1916 Rekruten ausgebildet. Ich bin also 20 Monate in Oldenburg geblieben und habe hier eine schöne Zeit verlebt. Während dieser Zeit hatte ich als Bataillonskommandeure ganz kurze Zeit Oberstleutnant von Rettberg, dann

---

Onkel Emil = Bruder von Hermann Wendt

sehr lange Major von Waldheim und zum Schluß Major Funch. Führer
des 2. Rekruten-Depots war während der ganzen Zeit Hauptmann
Heilmann. Etwa 5 Monate war ich der Abteilung des Feldwebel-
Leutnants Tobisch zugeteilt, der 1916 gefallen ist. Die übrige Zeit
meines Aufenthalts im Depot war ich fast immer selbst Abteilungsführer. Das war ein fast ganz selbständiger Posten, da das Depot
fast immer aus 6 Abteilungen bestand, die oft für sich allein übten.
So trug denn jeder Abteilungsführer die volle Verantwortung für die
Ausbildung. Ich hatte auch stets das volle Vertrauen des Haupt-
manns, das sich u. a. darin äußerte, daß er aus sämtlichen Abteilungen
die schlechtesten Leute heraussuchte, dieselben zu einer Abteilung zu-
sammenstellte und die Ausbildung derselben mir übertrug. Auch
hatte ich mehrmals die Ausbildung der Unteroffiziere, die aus dem
Felde kamen, zu übernehmen. Zum Schluß gab er auch in einem vor-
züglichen Zeugnis seiner Zufriedenheit mit mir Ausdruck. Unsere
ersten Rekruten im Depot waren Kriegsfreiwillige, die nach fünf-
wöchentlicher Ausbildung aber schon ins Feld geschickt wurden.

Quartier beim Oberbürgermeister

Späterhin haben wir dann alle möglichen Leute, alte und junge, ausgebildet. Mit Vergnügen werde ich immer an die schöne Zeit im
2. Rekruten-Depot zurückdenken. Besonders muß ich hier der schönen
Kameradschaft, die unter allen Ausbildenden, Feldwebel-Leutnants,
Offizier-Stellvertretern, Vizefeldwebeln und Unteroffizieren bestand,
gedenken. Recht gern gedenke ich meiner lieben Freunde, Vizefeldwebel Striepling, der noch jetzt am 12. Mai 1918 Feldwebel in einem
Rekruten-Depot im Felde ist, und Vizefeldwebel Engelbart, der leider
seit dem 28. Juni 1916 sich in russischer Gefangenschaft befindet. Wir
drei wurden im Depot das Kleeblatt genannt. Während meines Aufenthalts im Depot habe ich viele Quartiere gehabt. So wohnte ich

zeitweilig in der Kaserne, ferner bei Frau von Dippe-Bettmar in der Gartenstraße, im Hansa-Hotel am Stau, bei Herrn Buchhändler Eschen an der Nadorsterstraße, in der Gertrudenstraße, weiter bei Herrn Oberbürgermeister Tappenbeck in der Kleinen Kirchenstraße mit Bruder Emil zusammen. Letzteres Quartier war besonders schön. Öfters wurden wir zum Abendessen eingeladen. Nach dem Abendessen wurden dann mit Herrn und Frau Oberbürgermeister bei einem Glase Wein noch einige gemütliche Stunden verlebt. Gerne erinnere ich mich auch der Zeit, als das Depot in Eversten lag und ich bei den alten Kuhlmanns wohnte. Während des Aufenthaltes im Rekruten-Depot bildete ich auch die Jugendwehr in Oldenburg mit aus. Ich war Führer der 4. Kompagnie. Mittwochs wurde nachmittags und abends in den Turnhallen oder auf dem Haareneschspielplatze geübt, und alle 14 Tage wurde am Sonntag ein Ausmarsch gemacht. An den übrigen Sonntagen war ich fast immer in Lüerte, wo ich aber auch sehr oft die Jugendwehr besuchte. Urlaub gab es vom Depot aus sehr viel. So war ich auch einige Male 8 bis 14 Tage zu Hause. Alles in allem war meine Dienstzeit im 2. Rekruten-Depot wohl die schönste in meinem Militärleben, der ich mich oft und gern erinnern werde. Ein großes Bild zu Hause zeigt sämtliche Kameraden, die als Ausbildende diese Zeit mit mir verlebt haben. Viele von diesen Kameraden haben jetzt leider längst ihr Leben für das Vaterland dahingeben mussen.

Karl Friedrich Tappenbeck
Oberbürgermeister von Oldenburg
1900 - 1921

Eversten = Stadtteil von Oldenburg, in dem Jahre später Sohn Fritz mit seiner Familie gelebt hat

Die Kaserne des Oldenburgischen Infanterieregiments 91 am Pferdemarkt kurz vor dem 1. Weltkrieg

Reservisten haben sich 1914 vor der Kaserne des O.-I.-R. 91 versammelt und warten auf ihre Einweisung.

Auf Befehl zur Front

Endlich kam auch für mich die Zeit, daß ich auf Befehl des General-Kommandos zur Front mußte. Am Morgen des 7. April 1916 fuhren Vizefeldwebel Striepling, Engelbart und ich mit einem großen Transport um 7.05 Uhr abends von Oldenburg ab. Wir waren mit Blumen geschmückt, und die Musik spielte uns zum Bahnhof, wo sich noch verschiedene Bekannte, die uns auch noch mit einigen guten Tropfen Kognak versorgten, verabschiedeten. Engelbart, Striepling und ich hatten ein Abteil II. Klasse für uns. Wir konnten es uns auf der langen Fahrt also recht gemütlich machen. Unter den Klängen des „Muß i denn zum Städtelein hinaus" fuhren wir zum Bahnhof hinaus, die Hoffnung im Herzen, bald gesund die Heimat wiederzusehen. Die Fahrt ging von Oldenburg über Ahlhorn, Kloppenburg, Quakenbrück, Rheine, Burgsteinfurt, Coesfeld, Dorsten, Oberhausen, Duisburg, Düsseldorf, Düren, Aachen, Herbesthal (Grenzüberschreitung), Lüttich, Huy, Namur, Chatelet, Charleroi, Maubeuge, Avesnes, Fourmies, Hirson, Marle, Laon nach Coussi les Eppes. Wir waren durch einen schönen Teil Deutschlands gefahren, hatten aber auch besonders bei Chatelet, Charleroi und Maubeuge an den Trümmerstätten die Schrecken des Krieges gesehen. Von Coussi les Eppes mußten wir noch einen anständigen Marsch mit unserem schweren Gepäck auf Umwegen nach dem Dorfe Chéret machen, wo wir am 9. 4. 16, abends um 9 Uhr ankamen. Da unser Transport über 1200 Mann stark war und gar keine Quartiere für uns eingerichtet waren, war es in der Dunkelheit nicht leicht, alle unterzubringen. Die Leute mußten zum größten Teil in Ställen auf dem Dünger, den sie mit etwas Heu oder Stroh bedeckten, schlafen. Ich konnte mich auf ein großes französisches Bett, das aber nur aus Bettstelle und Matratze bestand, zum ersten Male in Feindesland schlafen legen. Da die Front in Luftlinie kaum 10 km entfernt war, klang einem der Kanonendonner zunächst doch etwas ungewohnt in die Ohren, aber die große Müdigkeit ließ mich doch bald einschlafen. Fast 14 Tage haben wir dann gebraucht, um den Dreck aus den Quartieren und den hohen Dünger aus den Ställen herauszuschaffen, um überhaupt mal etwas Reinlichkeit in das Dorf hineinzubringen und wohnbare Quartiere zu schaffen. Teilweise mußten auch Quartiere erst wieder mit Fenstern und Türen versehen werden. So kam die 1. Kompagnie in das auf einer Höhe vor dem Dorfe gelegene Schloß Trianon, das kein einziges heiles Fenster und kaum eine heile Tür mehr besaß. Auch fehlten hier jegliche Möbel, die wohl nach vorne in die Schützengräben gewandert waren. Als einziges Andenken früherer Herrlichkeit stand in einem Zimmer ein zerschlagenes Piano, zwar auch davon zeugend, daß es auch deutsche Soldaten gibt, die von blinder Zerstörungswut nicht verschont bleiben. Schloß Trianon war umgeben von einem schönen Park und Garten, und meine Freunde Engelbart und Striepling werden sich wohl ebenso wie ich gerne der wunderbaren Frühlingsabende erinnern, an denen ringsum die Nachtigallen schluchzten und sangen und uns das Herz doch manchmal etwas heimwehschwer machten. Von Schloß Trianon hatte man auch einen wunderbaren Blick auf das auf einem kegelförmigen, steilabfallenden Berge gelegene Laon mit seiner weit in die Lande hineinschauenden Kathedrale, die im Frühjahr 1918 von den Franzosen böse zerschossen ist. Am 2. Tage unseres Aufenthalts in Chéret wurde das Rekruten-Depot in Kompagnien eingeteilt. Ich sollte durchaus Kompagnie-Feldwebel der 4. Kompagnie werden. Ich war aber ebenso wie Vizefeldwebel Engelbart der Meinung, daß wir nach unserer langen Dienstzeit in Deutschland in die Front gehörten. Ich hatte zwar auch keine Lust, auf Schreibstube zu sitzen und dachte ja auch daran, noch mal Offizier zu werden. So lehnte ich denn auf das Bestimmteste das Anerbieten ab und kam zu Leutnant Fischer, einem Rektor aus Berlin, als Zugführer in die 3. Kompagnie, Vizefeldwebel Striepling wurde Kompagnie-Feldwebel der 1. Kompagnie. Das ist er jetzt im Mai 1918 auch noch. Alle anderen Feldwebel haben längst andere Stellen bekommen. Vizefeldwebel Engelbart ist leider am 28. Juni 1916 in russische Gefangenschaft geraten. Ich habe bis jetzt ja immer Glück gehabt und werde es, so Gott will, auch weiterhin haben. Die 3. Kompagnie wurde im Dorfe einquartiert, die 4. lag in einem Fort. Ich bekam ein ganz nettes Zimmer mit einem Herd, auf dem ich Essen warm machen und kochen konnte, einem großen Kleiderschrank und vor allem mit einem gewaltigen, weißen französischen Federbett in einem Estaminet, das ist eine franz. Wirtschaft, in dem von uns unten aber eine Kantine eingerichtet war. Um dieses Zimmer wurde ich sogar von Offizieren beneidet. Neben meinem Quartier war die Schule. Der franz. Lehrer war im Felde. Die Frau des Lehrers gab Unterricht. Ich habe in dem Schulzimmer auch ein paar Male unterrichtet, aber nicht die französischen Kinder, sondern meine Soldaten. Chéret lag in einem Tale. Wir exerzierten auf einer vor dem Dorfe liegenden Höhe, von der aus man das ganze Dorf übersehen konnte. Interessant waren die vielen Höhlen (Steinbrüche) in der Nähe des Dorfes, die zum Teil so groß waren, daß ein ganzes Bataillon darin Unterkunft finden konnte. Man durfte sich aber nicht zu weit hineinwagen, da man sonst nicht wieder herausfand. Oder man mußte ein langes Tau am Eingange befestigen und dann an der Hand dieses Taues und mit einer brennenden Laterne versehen das Innere der Höhle durchstöbern. Von Chéret besuchte ich eines Sonntags aus auch die Front der 91er auf den Craonner Höhen. Ich ging zunächst an Orgeval vorbei über Bévre, Plogart, La Beau-Chateau nach Buconville. La Beau-Chateau war ein herrliches Schloß mit vielen großen Wirtschaftsgebäuden, wunderbar gelegen auf einer Höhe, umgeben von einem großen Park und herrlichem Garten. Sogar ein Saufang zum Fangen der wilden Schweine war in der Nähe des Schlosses. Schade, daß dieses schöne Schloß von den Franzosen zu der Zeit vollständig entzwei geschossen wurde. Schön lag die Reservestellung des I. Bataillons an den Craonner Höhen. Sie lag direkt hinter der Höhe. Die Unterstände waren in den Berg hineingebaut und im Berge durch einen durchlaufenden Stollen verbunden.

Sie sahen aus wie kleine Villen (Villa Else usw.) und waren zum Teil
sehr schön eingerichtet, sogar mit eichenen Schreibtischen. Ein paar
Tage vor meinem Dortsein hatte der Franzose von der Flanke aus
doch die Stellung mit seinen Granaten erreicht und ein paar Unterstände vollständig zertrümmert. In Chéret besuchte mich auch Besuden aus Düngstrup. Wir verlebten mit W. Ahlers zusammen einen
schönen Bierabend in einem Kleefeld bei Orgeval. Ich muß mich
etwas kürzer fassen, sonst werden meine Erinnerungen gar zu lang
werden.

Das Quartier in Chéret

Im Gasthof Besuden in Düngstrup hielt Wendt vorm Krieg die Chorproben ab

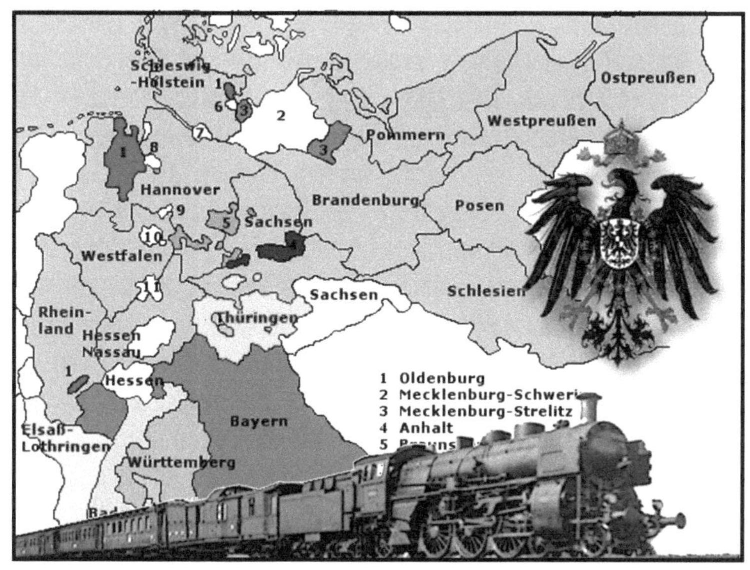

Von Freunden unter Feinden nach Osten

Am 15.5.16 wurde unser Depot von Chéret nach Montcornet
verlegt. Auch hier bekam ich wieder ein recht schönes Quartier
bei Franzosen. Ich wohnte mit Kollegen Johann Benecke zusammen,
der leider jetzt, wie so viele, in der großen Offensive Ende März 1918
für das Vaterland gefallen ist. Wir hatten wieder ein großes schönes
Bett, das uns beiden Platz genug bot. Unsere Hauswirte waren uns
sehr freundlich gesinnt. Madame kochte uns Kaffee und machte uns
auch häufiger Essen. Madame Charlotte aber, die Schwiegertochter,
bescherte uns Sonntags eine Torte, die sie mit dem schönen Spruch
von Zucker „Gutte Erinnerung" verziert hatte. Manchen schönen
Abend verlebten wir auch bei dem guten Cider (Apfelwein) des Mosjöh, den wir das Liter mit 25 Pfg. bezahlten, den der Mosjöh selbst
aber auch gerne mittrank. Im „Deutschen Hause", in dem Gastwirt
Bitter aus Hasbergen wirtschaftete, gab es auch ein gutes Glas Bier.

Von Montcornet aus mußten wir häufig größere Märsche machen, so daß wir schon mit einem Wegkommen nach Rußland rechneten. Am 11. 6. 16 rückten wir dann auch richtig nach ziemlich rührendem Abschied von unseren Hauswirten, die uns ja auch beherbergt hatten, als wären wir nicht ihre Feinde, sondern Freunde, um 4 Uhr nachmittags, gerade am 1. Pfingsttage von Montcornet ab. Wir wußten zwar immer noch nicht, wohin wir sollten, hoffen zwar, nach Rußland zu kommen, fürchteten aber auch, nach Verdun geschickt zu werden. Zunächst marschierten wir nach Clermont, wo unser Major Kurze vom Inf.-Regt. 74, ein netter, immer äußerst höflicher Herr, uns noch ein Faß wunderbares Münchener Bier zum Besten gab, das wir aus Literkrügen und Kochgeschirren tranken. Hier in Clermont wurden wir in die Bahn verladen und fuhren nun am 1. Pfingsttag abends gegen 7 Uhr ab. Wir fuhren über Sedan und warteten mit Spannung darauf, ob wir rechts ab nach Verdun fahren würden oder geradeaus nach Deutschland. Zu unserer Freude ging es nicht nach Verdun, sondern es begann eine wunderbare Pfingstfahrt durch ganz Deutschland, deren einzelne Stationen ich hier doch aufführen will. Also wir fuhren über Trier, Coblenz (am 12. 6. 16 mittags über den Rhein). Bulay, Cochem (längster Tunnel), Limburg a. d. Lahn, Weilburg, Burgsolms, Wetzlar, Gießen, Marburg, Wilhelmshöhe, Cassel, Hannover, Münden, Eichenberg, Heinefelde, Nordhausen, Halle, Leipzig, Oschatz, Dresden, Bautzen (Musik, Transport), Löbau, Reichenbach, Görlitz, Bunzlau, Liegnitz, Maltsch, Breslau, Brockau, Gleiwitz, Kattowitz, Wolbrom, Miechow, Kielce, Iwangorod (am 15. 6. 16 4.30 Uhr morgens über die Weichsel gefahren), Lublin, Cholm, Kowel nach Turizjk, wo wir am 16. 6. 16 morgens um 3 Uhr ankamen. Diese Pfingstfahrt durch die herrlichsten Gegenden Deutschlands im Frühlingsschmuck — ich denke nur an die wunderbare Mosel- und Lahnfahrt — ist wohl eine der schönsten, die ich gemacht habe. Schade nur, daß es wieder in den Krieg ging und nicht in den Frieden. Überall wurde unser langer Zug in Deutschland begeistert empfangen. Mancher gute Wunsch

wurde uns nachgerufen. Doch ein Unterschied gegen Märsche und Fahrt durch Frankreich, wo man immer nur ernste Gesichter sah, wo uns aber auch zuweilen weinende Frauenaugen nachschauten, die dann doch in manchem von uns ein ernstes Nachdenken anregten. Gleich nach Kattowitz fuhren wir über die Grenze nach Russisch-Polen hinein. Welch eine traurige Gegend! Das Auge schweift über weite, kahle Flächen, die nur hier und da durch armselige Dörfer unterbrochen werden. Die Einwohner der Dörfer sind fast nur Juden, zerlumpte, aber auch dazwischen elegante Frauen. Wo nur der Zug hält, war er von Frauen und Kindern umlagert, die Milch, Eier und Kuchen zu noch recht billigen Preisen anboten. Ich glaube, daß wir für ein gekochtes Ei 5 Pfg. und für ein Glas frische Milch 10 Pfg. bezahlten. Das Charakteristische der Gegend waren aber die Gänseherden, die meistens von halbnackten Kindern gehütet wurden, und einzelne Juden in ihren langen Mänteln oder Pelzen, die auf der weiten Ebene eine Kuh oder ein Pferd weiden ließen. Wir befuhren nun Bahnstrecken, die in österreichischer Verwaltung waren. Während die Fahrt durch Deutschland ungemein schnell vonstatten gegangen war, wurde sie jetzt recht bummelig. Auch die Verpflegung wurde mangelhafter. Nirgends war auf den Bahnhöfen rechte Vorsorge dafür getroffen worden. Ich denke nur an den unfreundlichen Morgen des 15. 6. 16 in Iwangorod, wo unser ganzer Transport aus zwei Kesseln Kaffee empfangen mußte, und wo ein ungarischer Kavallerieoffizier mit der Reitpeitsche dazwischen fahren wollte, um Ordnung zu schaffen.

In Turizjk, unserer Endstation, bezogen wir bis Mittag Biwak. Dann bekamen wir Ortsunterkunft auf einem großen Gut, das einem Deutsch-Österreicher gehörte, der von den Russen mitgeschleppt war. Der Verwalter wohnte mit seiner Familie noch dort. In Turizjk machten wir wieder Dienst. Dabei machten wir, als unsere Komp. in Schützenlinie einen dichten Wald durchstreifte, unsere ersten Gefangenen. Es waren vier russische Soldaten, die sich im Walde eine Laubhütte gebaut hatten. Bei dieser Razzia flüchteten auch viele Frauen und junge Mädchen (Flüchtlinge von Luzk) aus dem Walde, da sie fürchteten, daß auch Kosaken im Walde versteckt waren, vor denen sie große Angst hatten. Unsere Komp. zog dann ganz stolz mit den Gefangenen zum Quartier. Leider stellte es sich dann beim Verhör heraus, daß sie schon lange in Gefangenschaft waren und auf dem Gute gearbeitet hatten. Die Österreicher waren dann eines Tages abgezogen, hatten aber vergessen, ihre Gefangenen mitzunehmen. Sie waren also allein zurückgeblieben. Als dann die Deutschen gekommen, waren sie aus Furcht vor ihnen in den Wald geflüchtet.

Am 19. 6. 16 marschierten wir um 5.30 Uhr morgens von Turizjk ab nach Kupiczew, wo wir um 2.15 Uhr nachmittags ankamen. Die Entfernung betrug etwa 20 km. Es war aber recht heiß und der Weg teilweise recht schlecht und sandig, so daß wir sehr viele Schlappe zurückließen. Auch die Brücken waren teilweise in einem schauderhaften Zustande. Bruder Österreich hatte während seines langen Dortseins eben nichts ausgebessert, sondern alles verkommen lassen. So brach an einer Stelle unter einem unserer schweren Geschütze eine Brücke, und das Geschütz stürzte kopfüber in den Bach. Eine unserer Kompagnien mußte zurückbleiben und das Geschütz wieder mit heraushelfen. Unsere Feldküchen und Bagagewagen mußten häufig Vorspann haben, um durch den Sand und Dreck hindurch zu kommen. In Kupiczew wurden dann Pferde requiriert. Dabei gab es natürlich traurige Bilder zu sehen. Die Leute hatten z. B. Pferde in Schlafkammern versteckt und die Türen zugenagelt. Als man in einem nahen Walde Pferde entdeckte, die von Kindern bewacht wurden, und sie wegholte, sah ich Frauen weinend und schreiend auf dem Wege liegen. Es war traurig anzusehen, und man konnte sich nur freuen, daß kein Krieg in unserer Heimat ist. Nachdem wir mehrere Stunden unter Obstbäumen gelegen hatten, bekamen wir Quartiere. Mein Quartierwirt sprach deutsch; er hatte mehrere Jahre bei Kanalisationen in Deutschland gearbeitet. Als ich ihn fragte, warum er denn wieder nach hier gekommen sei, meinte er, es sei immer so, wo der Vater gelebt hätte, setze sich der Sohn auch wieder hin. Dann habe er in Friedenszeiten hier auch sehr guten Verdienst an Hopfenbau gehabt, wenn der Abtransport des Hopfens bei der weiten Entfernung von der Bahn auch Schwierigkeiten hätte. Mir stand ein Bett zur Verfügung, das ich aber doch aus Furcht vor Ungeziefer nicht benutzte. Ich legte mich auf eine Bank zum Schlafen. Man war in dieser Beziehung damals noch etwas penibel. Am 21. 6. 16 gingen von unserem Depot 600 Mann zur Front ab.

Die Karte zeigt die Situation im Jahr 1914. Die im Bericht genannten Orte liegen in Wolhynien (siehe Pfeil mitte rechts) in der westlichen Ukraine.

Am 22. 6. 16 verließen wir dann auch um 12.30 Uhr mittags Kupiczew und marschierten nach Markowicze, wo wir um 4.30 Uhr nachmittags ankamen. Die Entfernung betrug 12—15 km. Hier bauten wir nun zunächst wieder unsere Zelte auf, die wir dann am 23. 6. 16 wieder abbrachen, um in dem nahen Stanislawowka Ortsunterkunft zu beziehen. Während die Dörfer, in denen wir bis jetzt Quartier bezogen hatten, bewohnt waren, war Stanislawowka vollständig von den Einwohnern verlassen. Zum großen Teil waren sie wohl von den zurückgehenden Russen mitgeschleppt worden. Ich nahm im ersten Hause des Dorfes Quartier. Mobilar, Betten usw. waren natürlich nicht mehr vorzufinden. Vielleicht hatten die Russen schon alles ausgeräubert. Ich stöberte aber durch allerlei Scharteken herum, die umherlagen. So fand ich eine deutsche Fibel, und es kam mir ordentlich heimisch an, als ich unter anderen bekannten Sachen auch das „Knabe, ich bitt dich, so sehr ich kann, o, rühre mein kleines Nest nicht an" darin fand. Aus einem Notizbuch konnte ich auch feststellen, daß der Besitzer des Hauses Wolter hieß, genau wie unser Nachbar in Lüerte. Auf dem Kirchhof war auch eine Lydia Wolter begraben. Auf dem Grabe stand der Spruch: „Ich ruhe hier in meiner Gruft, bis mich Jesus wiederruft." In einer deutschen (pommerschen) Bibel lagen mehrere Lesezeichen. Bei einem solchen Lesezeichen las ich:

> „Sei wohlgemut, laß Trauern sein,
> auf Regen folget Sonnenschein.
> Es gibt doch endlich noch das Glück,
> nach Toben einen guten Blick."

Man kann sich vorstellen, wie die armen Menschen in ihrer furchtbaren Kriegsnot zur Bibel gegriffen haben, um Trost darin zu suchen. In der Kirche, die zugleich Schule zu sein schien, hingen biblische Wandsprüche in deutscher Sprache, und es lagen auch dort noch deutsche Bibeln. Das Dorf war zum großen Teil von Deutschen bewohnt gewesen. So konnte ich aus deutschen Schulbüchern auch feststellen, daß der Besitzer eines anderen Bauernhofes Hensche hieß. Die deutschen Einwanderer waren aber wohl zum großen Teil Böhmen. Ich habe später in anderen Dörfern auch viele deutsche Ansiedelungen gefunden. Dieselben konnte man schon von weitem an dem Obstgarten, der Umzäunung, der Bauart und der Reinlichkeit erkennen. Alles dies fehlte den russischen Wohnwesen, die meistens frei und unfreundlich auf der weiten wolhynischen Ebene lagen. Sie waren meistens weit verstreut; ein russisches Dorf nahm einen gewaltigen Raum ein (Zscherniew). Am 24. 6. 16 ging morgens ein Transport von etwa 600 Mann als Ersatz zur Front. Nachmittags rückten auch die 2, 3., 5., 6. und 8. Kompagnie ab, teils in Reservestellung, teils in vorderste Linie. Die ältesten Vizefeldwebel, zu denen ich auch gehörte, konnten zurückbleiben. Die 3. Kompagnie, zu der ich gehörte, kam aber schon am 27. 6. 16 zurück. Statt Leutnant Fischer führte sie jetzt Leutnant Repetzky. Am 3. 7. 16 marschierten wir aber plötzlich um 8 Uhr abends wieder ab noch Woronczin. Es war ein sehr schlechter Weg nach Gewitterregen. So kamen wir erst um 12½ Uhr nachts dort an. Ich bekam Nachtquartier in einem Pferdestall. Aber Läuse, Flöhe und Kücken ließen uns wenig Ruhe. Die Leute hatten es zwar noch schlechter. Sie mußten in Scheunen schlafen, denen die Wände vollständig fehlten. Am nächsten Tage bezogen wir Unterstände, die wir zum Teil umbauen mußten. Halbrechts hinter uns stand die Feldartillerie. Diese wurde häufig von den Russen beschossen, wobei wir auch zuweilen etwas abbekamen, aber ohne Verluste zu haben. So gab es am 8. und 9. 7. 16 tüchtiges Feuer. Eine um die andere Nacht mußten wir vorne in der 2. Linie schanzen. Wir freuten uns immer, wenn wir auf dem Hin- und Herwege den Wald beim Gute Woronczin passiert hatten, denn dieser wurde alle Augenblicke von der russischen Artillerie beschossen. Die hier von den 91ern in Reserve liegende Kompagnie hatte auch häufig Verluste. So wurde Kollege Meyer am See verwundet. Auch vor Infanteriegeschossen mußte man sich hier in acht nehmen. Beim Schanzen

war es aber auch nicht immer geheuer. Die Infanteriegeschosse störten uns zwar weniger, aber vor schwerem Artilleriefeuer mußte ich doch in der Nacht vom 17. zum 18. 7. 16 um 1½ Uhr nachts ausrücken. Unsere Nächte mußten wir auch hinter der Front unter freiem Himmel im Walde als Reserve verbringen. Erwähnen will ich doch auch noch einen Sonntag, den 16. 7., meinen Geburtstag, den wir in

---

Schanzen = Bau von vorübergehenden (nicht dauerhaften) Feldbefestigungen

einem Unterstand recht vergnügt feierten. Es nahmen daran teil: Leutnant Leidig, unser Kompagnieführer, der dann am 18. Oktober bei einem Angriff gefallen ist, Leutnant Wiewesick, Leutnant Vogt, mein lieber Kamerad Johann Benecke, der im März 1918 bei der großen Offensive den Heldentod gestorben ist und Kollege Wilhelm Meyer. Am Tage gab es bei uns aber auch viel Arbeit. Da mußte exerziert werden, da wurden Pfähle für Drahtverhau gemacht, oder die Unterstände wurden verbessert. Jedenfalls hatten wir es aber noch besser als die vier Kompagnien, die bei Lapalonia zwischen den Oesterreichern und dem Regiment 91 in vorderer Linie eingesetzt waren. Wir konnten uns wenigstens frei bewegen. Es ist zwar ein Wunder, daß der Russe das geduldet hat, da er uns doch mindestens von seinen Fesselballonen aus sehen konnte. In der Nähe des Grabens, in dem unsere Unterstände lagen, war noch ein bewohntes Haus. Die Familie bestand aus einer alten Frau, ihrem Manne, einer jungen Frau und einem kleinen Kinde. Im Garten standen allerlei Gartenfrüchte, und ums Haus herum liefen Hühner und Kücken. Im Stalle brüllte auch noch eine Kuh. Doch ein seltenes Bild so dicht hinter der Front. Ein Pferd wurde den Leuten genommen. Auch das Försterhaus am Walde, in dem der Regimentsstab 91 lag, war noch bewohnt. Eines Morgens aber gegen 3 Uhr — ich kam gerade von vorne vom Schanzen — bot sich mir ein trauriges Bild. Die Leute mußten ihr Heim verlassen und wurden weiter nach hinten abgeschoben. Etwas Habe hatten sie auf eine Karre gepackt. Die alte Frau machte im Hause ein furchtbares Geschrei. Als man sie mit Gewalt wegschaffen wollte, warf sie sich unter schrecklichem Schreien in der Tür auf den Boden. Schließlich zogen ihre Angehörigen mit Karre und Kuh ohne sie ab. Noch in meinem Unterstand konnte ich das Schreien der Frau hören. Was später mit ihr geworden ist, weiß ich nicht. Wie glücklich können wir uns doch schätzen, daß wir unsere Heimat unversehrt behalten haben. Die Front hatte hier eine Hufeisenform. Hinter der offenen Seite, also hinter uns, flossen die

Drahtverhaue waren ein vielfach eingesetztes Mittel, um Vormärsche des Feindes aufzuhalten

vielen Stochodarme und lagen unergründliche Sümpfe. Ueber diese
Arme führten nur zwei unermeßlich lange Brücken, für uns erreichbar
war eigentlich nur eine. Wenn am Abend vor uns und links und
rechts von uns, ja, wie es sogar schien, teilweise hinter uns die
Leuchtraketen aufstiegen, dann wollte einem doch zuweilen ein leises
Bangen beschleichen. Wohin sollten wir, wenn die Russen an unserer
Front mal durchbrechen sollten? Wieviele werden dann in den un-
ergründlichen Sümpfen ihr Leben lassen müssen! Eines Morgens
machte ich mich mit einem Gefreiten gegen 3 Uhr auf den Weg, um
den nächsten Anmarschweg zur Front nach Studinje aufzusuchen. Wir
gingen über die südliche Wassermühle an einem Stochodarm entlang.
Alte Wagenspuren führten auf einem Damm entlang. Rechts davon
war unwegsamer Sumpf. Wir glaubten schon, uns verlaufen zu haben,
als wir rechts im Sumpfe Drahtverhau entdeckten, aber, so weit wir
sehen konnten, nur Drahtverhau, keinen Soldaten. Links von dem

Stochodarme, über den jetzt endlich mal ein Fußsteg führte, tauchten Zelte auf. Im ersten Zelte gelang es uns mit Mühe, einen Schläfer wach zu kriegen. Mit Verwunderung hörten wir, daß wir in vorderster Stellung seien, die von den 79ern besetzt war. Wir ließen uns an seltenen Posten vorbei zum Kompagnieführer führen, der über die Störung im schönsten Morgenschlaf nicht ungehalten war, sondern uns freundlichst Aufklärung über die Front gab. Die Front der Russen war hier 1000 bis 1200 m entfernt. Der Leutnant warnte uns aber, an einigen Stellen vorsichtig zu sein, da sie von russischen Maschinengewehren bestrichen würden, die in Bäumen ständen. Wir kamen wohlbehalten nach Hause, das heißt zu unserem Unterstande, zurück, hatten aber doch mal wieder einen Einblick bekommen, wie gefahrvoll die Lage bei einem etwaigen Durchbruche der Russen für Teile unserer Truppen werden mußte. Diesen besuchten Frontabschnitt hatte am verhängnisvollen 28. Juli das III. Bataillon Inf.-Regt. 91 inne; die 12. Kompagnie lehnte mit ihrem rechten Flügel am Stochod. Auf diesen 28. Juli komme ich noch ausführlich zurück.

Abschied ins Ungewisse

Am 26. Juli wurde unsere Kompagnie abends plötzlich aufgelöst, das heißt sie wurde als Ersatz zu den Bataillonen nach vorne geschickt. Für viele Kameraden gab es doch einen wehmütigen Abschied, waren doch alle fast seit Anfang April zusammen. Der Abschied wurde aber doch durch einen letzten guten Trunk überwunden. Wohl keiner der Kameraden ahnte, daß er in ein paar Tagen schon tot oder gefangen sein würde. Kamerad Benecke und ich blieben einsam in unserem Unterstande zurück, da wir uns am nächsten Morgen beim Regimentsstab melden sollten. Unser gemeinsamer Bursche, Strzelecki, der immer in großartiger Weise für uns gesorgt hatte und furchtbar gerne bei uns geblieben wäre, weinte beim Abschied die bittersten Tränen. Ich habe ihn später irgendwo mal wiedergesehen, weiß aber nicht, wo. Am anderen Morgen erhielt ich vom Regimentsstab den Befehl, mich bei Dunkelwerden beim III. Bataillon zu melden. Johann Benecke und Thoms kamen zum II. Bataillon. Als wir am Abend an den Batterien vorbeigingen, lachten wir noch darüber, daß die Artilleristen ihre Geschütze durch einen starken Drahtverhau eingezäunt hatten. Wenn wir auch längst wußten, daß die Russen im nächsten Tage einen großen Angriff vorhatten, so ahnten wir doch noch nicht, daß der 28. Juli so traurig für uns enden würde. Als ich mich dann beim Leutnant und Adjutant Neumüller im Bataillonsunterstande meldete, meinte er, was ich denn jetzt dort wolle. Er wüßte doch nicht, welche Kompagnie einen Vizefeldwebel gebrauchen könne, er müsse erst anfragen. Ich möchte so lange Unterkunft bei der 11. Kompagnie suchen, die in der Nähe als Reserve im Walde lag. Als ich fortging, rief er mich aber noch wieder zurück und frug, ob ich verheiratet sei. Dann sagte er, da meine Papiere ja noch nicht in Ordnung seien, müßte ich heute abend noch zu den Schreibstuben, die weit rückwärts, diesseits des Stochods, in einem Walde lagen, zurückgehen. Meine Sachen könnte ich ja auf die Feldküche packen. Bei der Schreibstube solle ich ruhig solange bleiben, bis er mir telephonisch mitgeteilt habe, zu welcher Kompagnie ich käme. So zog ich denn wieder ab. In der Dunkelheit war ein solcher Weg kein Spaß. Die Wege waren teilweise unergründlich. Auf langen Strecken waren zwar Bohlenwege hergestellt, die zum Teil aus dicken Eichen bestanden. Unermeßliche Kapitalien stecken so in den Wegen Rußlands. Schreibstuben und Gefechtsbagage lagen in einem Walde vor dem Stochod, also nach Kowel zu. Ich ging zu Feldwebel Bunjes der 11. Kompagnie, der sich als Schreibstube eine kleine Bretterbude hatte aufschlagen lassen.

Durchbruch der Russen.
Rette sich, wer kann!

Am Morgen des 28. Juli beschoß der Russe nun dieses Waldstück von einem Ende bis zum anderen mit Granaten und Schrapnells. Alles stob natürlich hin und her im Walde. Die Pferde wurden schleunigst losgemacht und an das äußerste Ende des Waldes geführt. Hier standen sie nun auf einem Haufen. Zum Glück schlug hier keine Granate ein. Es kam nun die Nachricht, daß die Russen bei den Oesterreichern bei Lapalonia, wo ja auch vier Kompagnien des Rekruten-Depots lagen, durchgebrochen waren. Die 74er, die bei uns im Walde lagen, brachen nunmehr ihre Zelte ab und rückten ab, leider viel zu spät, um den Durchbruch noch verhindern zu können. Unser Wald lag fortwährend unter Feuer, so rückte denn die ganze Gefechtsbagage nach rückwärts ab. Viele Sachen, ganze Kisten mit neuen Anzügen, Stiefeln, Schnürschuhen, Lebensmitteln, Zigarren, Zigaretten, Schnaps, Wein, mußten zurückgelassen werden. Man glaubte auch zwar allgemein, daß die Russen nicht weit vorkommen würden, daß man also bald zurückkehren könne. Aus dem Grunde wollte Feldwebel Bunjes seine Sachen auch nicht verlassen. Er blieb mit den beiden Schreibern Harms und Wilking da. Er stellte mir frei, mit den anderen Feldwebeln zu gehen, aber ich blieb auch da. Unterdessen hatte ich gegen Mittag vom Stab des III. Bataillons den telephonischen Befehl bekommen, mich bei der 11. Kompagnie zu melden. Feldwebel Bunjes hielt es aber für Unsinn, daß ich in dem Feuer die Kompagnie, die jedenfalls längst ihren Platz verlassen hatte und doch höchstwahrscheinlich zu uns zurückkommen würde, suchte. So blieb ich denn bei ihm. Da aber noch starkes Artilleriefeuer auf dem Walde lag, begaben wir uns in einen leichten Unterstand des Feldwebels Fink von der 12. Kompagnie, wo wir uns nun zunächst mal an einer Flasche Weißwein erquickten. Hier kamen nun Krankenträger (Kufferrath) zu uns, die ihre Bahren weggeworfen hatten und ganz ab waren.

Sie erzählten, daß unsere Soldaten flüchteten und die Russen auf der ganzen Linie folgten. Wir blieben aber noch im Walde, bis uns ein Kamerad vom Waldrande aus zurief, ob wir dort nicht wegwollten, die Russen seien aber gleich da. Wir fragten, wo unsere Truppen seien und erhielten zur Antwort, die seien längst weiter zurück. Wir hörten jetzt auch das „Hurrä" der Russen ziemlich nahe. Da wurde es uns doch etwas gruselig. Wir ergriffen, was gerade zur Hand war, eine Flasche Wein, eine Kiste Zigarren und liefen aus dem Walde. Da sahen wir nun, daß unsere Soldaten in voller Flucht schon weiter zurück waren. Wir machten zunächst natürlich auch Beine, als wir aber merkten, daß die Russen nicht durch den Wald durchstießen, ließen wir uns mehr Zeit. Von einer Höhe bei dem Dorfe Antonowka bot sich uns ein furchtbares Bild unserer Flucht, schrecklicher, wie ich es je gemalt gesehen habe. Alles war bei uns in Rückwärts-bewegung, die Verbände vollkommen durcheinander, Infanteristen, teil-weise ohne jegliche Ausrüstung, Artilleristen ohne Geschütze, da-zwischen Munitionskolonnen, Wagen mit Verwundeten, Zivilbevöl-

Fluchtbewegung der Zivilbevölkerung

Totale Erschöpfung bis zur Selbstaufgabe

kerung, ihr bißchen Habe im Bündel, Kinder von Soldaten getragen. Dann und wann fuhren einzelne unserer Geschütze auf und feuerten auf die nachkommenden Russen. Plötzlich setzen sich alle Fuhrwerke, alle Reiter in Trab oder Galopp. Es heißt, daß die Kosaken kommen. Gott sei Dank kommen sie nicht, sonst wären wir sicher alle verloren gewesen. Ich bekam von einem Hauptmann vom Stabe den Befehl, soviel Soldaten wie möglich zu sammeln, auf eine Höhe zu führen und gegen Kosakenangriffe zu sichern. Niemand hatte aber Lust dazu, der eine hatte kein Gewehr, der andere erklärte sich krank, der dritte war verwundet usw. Es kamen zwar bei einem Hause aber doch allerlei Soldaten zusammen, mit denen aber nichts anzufangen war. Die meisten legten sich, nachdem sie ihren Durst durch das kalkige Brunnenwasser gelöscht hatten, in die Scheunen, Ställe oder auf den Boden und schliefen. Sie waren so erschöpft, daß ihnen alles egal war, was weiter kam. Ich traf hier auf ein paar Vizefeldwebel, die ihre sämtlichen Maschinengewehre in den Sümpfen zurückgelassen hatten. Später, bei einem Kursus in Zscherniew, schimpfte der Divisions-Kommandeur gehörig auf diese Lumpen von Maschinengewehrleuten,

die ihre sämtlichen Maschinengewehre zurückgelassen hätten. Und
doch hätten sie sicher, wenn sie die Maschinengewehre hätten tragen
müssen, auch ihr Leben lassen müssen oder wären doch in Gefangenschaft geraten. Ich war natürlich von dem Marsch mit dem
schweren Tornister auch sehr ermüdet, hatte mein Gepäck zwar
dadurch schon erleichtert, daß ich einem Verwundeten meine schöne
Decke gegeben hatte, ja, u. a. hatte ich zu meinem späteren Aerger,
sogar eine Dose mit richtigen Kaffeebohnen weggegeben. Ein Unteroffizier aber bot mir seine Feldflasche mit richtigem Kognak an, der
mir natürlich vorzüglich schmeckte. Auch der Arzt bekam noch einen
anständigen Tropfen. In der Nacht kam ein Unteroffizier und verlangte, daß sämtliche Soldaten mit ihm zur Verstärkung des eingesetzten Rekrutendepots nach vorne kommen sollten. Es sei noch
eine ganze Strecke der Front unbesetzt. Ich lehnte aber dieses Verlangen ab und ging gegen Morgen mit einer Anzahl Leute mit den
Feldküchen nach vorne. Die Verbände waren natürlich stark durcheinander, ich fand aber doch einen Teil der 11. Kompagnie und konnte
mich bei Leutnant Conze, der über mein Kommen sehr verwundert
war, melden. Die Leute waren in voller Arbeit, sich einzubuddeln.
Jeder war natürlich auf sich selbst angewiesen. So griff ich denn auch
sofort zum Spaten, und beim Hellwerden war es mir nach angestrengter Arbeit gelungen, im Verein mit einem Musketier von der 12. Kompagnie ein Loch in den Boden bekommen zu haben, das wir mit einer
Tür aus einem Hause des hinter uns liegenden langgestreckten Dorfes
Antonowka bedeckt hatten. Als es hell war, gingen viele Soldaten
noch in den vor uns liegenden Wald zu unserer zurückgelassenen Gefechtsbagage, um sich aus den vielen Vorräten neu einzukleiden,
Zigarren, Zigaretten, Schnaps und Wein zu holen. Auch Maschinengewehrwagen u. a. wurden noch zurückgeschleppt. Bald ging aber
das Geknalle mit Kosaken im Walde los, ja, ein Vizefeldwebel brachte
sogar einen russischen Offizier und seinen Burschen als Gefangene
mit. Er hatte die beiden dabei überrascht, wie sie unsere schönen

Brennendes Dorf

Vorräte beschaut hatten. Es kamen dann aber immer mehr Russen in den Wald, so daß unsere Soldaten nun schleunigst in unsere neue Stellung zurückkamen. Nur ein Vizefeldwebel von der 9. Kompagnie, der im Walde wohl etwas zu tief ins Glas geschaut hatte, soll nicht zurückgekommen sein. Er wird wohl in russischer Gefangenschaft seinen Rausch haben ausschlafen können. Es war eigentlich bodenloser Leichtsinn, unsere Leute waren sogar ohne umgeschnallt, zum Teil ohne Gewehr in den Wald gegangen. Man war nämlich der Meinung, daß der Wald noch zum Teil von den 74ern besetzt sei, was aber gar nicht der Fall war. Bald sahen wir nun auch Russen den Waldrand besetzten, die wir natürlich beschossen. Auch setzte jetzt die russische Artillerie heftiger ein. Zum Glück gingen die meisten Granaten und Schrapnells über unsere Köpfe weg und schlugen hinter uns in das Dorf, das bald von einem Ende zum anderen lichterloh brannte. Gegen Mittag begannen nun auch die Russen in mehreren Schützenlinien, immer neue hintereinander, aus dem Walde hervorzubrechen. Bei uns begann nun ein tolles Feuern, daß unsere

---

Schrapnell = auch Granatkartätsche genannt, ist eine Artilleriegranate, die mit Metallkugeln gefüllt ist

Munition, die von hinten nicht ergänzt werden konnte, nur unnütz zusammenschrumpfte, sodaß von links und rechts schon bald nach Munition geschrien wurde. Endlich gelang es uns, ein ruhiges, zielmäßiges Feuer herzustellen, und nun sah man auch den Erfolg; die Russen fielen wie die Fliegen. Vor uns versuchten sie mehrfach nach links hinter Roggenhocken zu laufen, aber wenn sie sie wirklich erreichten, wurden sie dort abgeknallt. Versuchten sie, rückwärts in den Wald zu gehen, wurden sie von eigenen Maschinengewehren befeuert. Die armen Menschen wurden richtig in den Tod getrieben.

Gelungene Gegenoffensive

Immer und immer wieder tauchten neue Schützenlinien auf, aber sie kamen nicht weit. Gegen Abend aber sahen wir zu unserer Verwunderung, wie halblinks von uns die Russen in Gruppenkolonnen aus dem Walde heraus auf uns zu kamen. Unsere Artillerie, die an diesem Tage äußerst fix war — es war in der Nacht auch wohl neue herangeschafft — nahm die Kolonnen sofort unter Feuer. Ebenso mähten die Maschinengewehre hinein, und unsere Leute schossen wie toll in die Haufen. Als ich meine Leute warnte, die Russen vor uns nicht zu vergessen und nicht zu weit vorkommen zu lassen, meinten sie, erst kämen die Haufen, die anderen kämen noch früh genug daran. Die Massen kamen denn auch nicht weit, sondern waren bald Leichenhaufen. Nur ein kleiner Russe sprang mit hocherhobenen Händen in unseren Graben mit dem Rufe: „Bin nicht Panje, bin Jude, bin Jude!" Alles andere wurde vor dem Graben zusammengeschossen. Unsere Leute waren zu erbittert; sie hatten am Tage vorher gesehen, wie die Russen unsere im Sumpfe steckenden, hilflosen Kameraden mit Handgranaten bearbeitet hatten und wollten nun keinen Pardon geben. Immer wieder rief irgendeiner den Befehl durch: „Regimentsbefehl! oder Bataillonsbefehl! Keine Ueberläufer hereinlassen!" Ich habe mich

Erbitterter Nahkampf

später noch immer über die Stimmung unserer Leute an diesem Tage gewundert. Obgleich alle am Tage vorher in voller Flucht gewesen waren, obgleich alle wußten, daß wir keine Reserven hinter uns hatten, obgleich wir nur mangelhafte Deckung und gar keinen Drahtverhau hatten, besaß jeder nur den einen Gedanken: „Sie kommen bei uns nicht durch; wir lassen sie nicht durch; wenn nur die Oesterreicher heute noch feststehen!" Verluste hatten wir natürlich auch, besonders durch Schrapnells. So erinnere ich mich, wie ein Schrapnell bei uns einschlug und ich meinen Kopf unwillkürlich unter die Tür duckte. Als ich wieder hochkam, lagen drei Mann neben mir verwundet und mein nächster Nachbar, ein ganz junger Kamerad von der 7. Kompagnie, war lautlos vornüber gesunken. Eine Schrapnellkugel war ihm in die Schläfe gedrungen und hatte ihm einen raschen, schmerzlosen Tod gebracht. Ich war heil geblieben, nur mein Brotbeutel, der beim Bücken zusammengeschoben war, war vollständig durchlöchert. Die Russen wagten sich nach der schweren Niederlage

in der Dunkelheit wohl nicht mehr aus dem Walde hervor. Die
Infanterieangriffe hörten auf, aber es wurde eine schauerliche Nacht.
Hinter uns stand noch immer das lange Dorf in Flammen, und von
vorne tönten die ganze Nacht die klagenden Hilferufe der unzähligen
Verwundeten, denen niemand half, und denen niemand helfen konnte.
Wenn wir auch hätten schlafen können, so durften wir ja doch nicht
daran denken, sondern mußten ja jeden Augenblick auf weitere Angriffe gefaßt sein. Ein jeder von uns aber hat wohl nach diesem Tag
der Brussilowschen Offensive zum Sternenhimmel ein stilles Dank-
gebet emporgeschickt, und dann sind die Gedanken in dieser Sommer-
nacht wohl weit, weit nach der fernen Heimat gewandert, wo die
Lieben unter eben demselben Sternenhimmel den friedlichen Schlaf
schliefen. Daß solche Tage und Nächte nervenangreifend sind, merkt
man eigentlich erst, wenn wieder ruhige Stunden gekommen sind.
Dann kommt man auch erst dahinter, wie übermüdet man ist, obgleich
einem ja auch in ruhigen Augenblicken der Schlacht die Augen auf
Sekunden oder Minuten zufallen. Ich erinnere mich eigenartiger traum-
hafter Zustände an diesem heißen Julitage. An dem vollkommen klaren,
blauen Himmel standen ein paar Schäfchenwolken (Cirruswolken). Als
ich nun für Augenblicke in meinem Puff (überdachtes Buddelloch) lag,
nahmen diese Wolken beim Anschauen verschiedene Gestalten an.
So erkannte ich in einer solchen Wolke euch und Mutter: ich sah
euch so deutlich, als wenn ihr wirklich vor mir ständet. Mutter
schien zu weinen und ganz traurig zu sein. Sie hatte Herbert auf
dem Schoß, und ihr standet auch scheinbar ganz traurig daneben.
Dann änderte sich das Bild. Ihr hattet alle wieder freudige Gesichter,
als wenn ihr eine gute Nachricht bekommen hättet. Ihr hattet Mutter
von beiden Seiten um den Hals gefaßt und Herbert lachte. Meine
große Müdigkeit und dabei wohl meine lebhaften Gedanken nach
Hause gaukelten mir das Bild wohl vor. Ich erwähne dieses Bild des-

---

Herbert = der während des Krieges geborene dritte Sohn von Hermann Wendt

wegen, weil es so deutlich war, so deutlich, wie man es in vollkommen wachen Augenblicken auch mit der größten Anstrengung nicht vor sich hinzaubern kann.

Katz und Maus im Unterstand

Zu regelrechten Angriffen kam es in den nächsten Tagen nicht wieder, dafür aber machte der Russe hin und wieder heftige Feuerüberfälle auf unsere Stellung, so besonders heftig am 30. Juli und 18. August. Am 30. Juli aber hatten wir sofort begonnen, unsere Stellung besser auszubauen. Holz dazu fanden wir noch genügend in dem abgebrannten Dorfe. Leider mußten wir mehrmals um Zug- oder Kompagniebreite nach rechts ziehen. Das war für uns natürlich immer äußerst ärgerlich, denn wenn man eben seinen Unterstand mit Mühe und Not fertig und etwas wohnlich eingerichtet hatte, konnte man wieder von vorn anfangen zu bauen. Einen guten, fertigen Unterstand fand man so schnell nicht wieder. Die andern Kompagnien waren meistens etwas fauler. Mit der Zeit bekamen wir nun auf der Höhe, etwa 600 Meter vor dem sumpfigen Walde, eine ganz schöne Stellung. Da der Russe nun auch ruhiger wurde, haben wir hier ganz schöne Sommertage verlebt. Unsern Unterstand, von dem ich wohl mal eine kleine Zeichnung nach Hause geschickt habe, hatten Vizefeldwebel Blöske und ich uns ganz schön eingerichtet mit Fenster und Tür. An der Wand hing neben anderen Bildern sogar ein Gemälde mit Goldrahmen. Als Hausgenossen hatten wir drei weißbunte Katzen, eine alte und zwei Junge, die wir in einem kleinen verlassenen Unterstand gefunden hatten. Sie waren mit der Zeit so zahm und anhänglich, daß sie uns auf den Schoß oder gar auf die Schulter kletterten. Von Mäusen, die in großer Zahl in den Gräben und in den Unterständen waren, hatten wir so auch kein Last. Unangenehm war es zwar, daß die alte Katze abends Mäuse aus dem Graben herein-

holte, damit sie den Jungen Unterricht im Fangen geben konnte. Am
Tage spielten die Jungen auch oft in den Gräben und auf der Deckung.
Sie fanden aber trotz des Gewirres von Gräben immer wieder in
unseren Unterstand zurück. Die alte Katze wurde zweimal verwundet. Als die Russen am 18. August einen plötzlichen Feuerüber-
fall auf uns machten und die Gewehr- und Maschinengewehrkugeln
auf unsere Deckung hagelten, sah ich sie vor uns auf der Deckung
laufen. Als sie nachher wieder in unseren Unterstand kam, hatte sie
ein rundes Loch im Ohr. Scheinbar war eine Gewehrkugel glatt hin-
durchgeschlagen. Später schleppte sie sich dann mal mit einem
schweren Bauchschuß in den Unterstand. Wir glaubten schon, sie
würde sterben, aber sie kam schließlich doch wieder durch. Als wir
dann am 18. Oktober die Russen angriffen, wir also vor mußten, sind
die Katzen uns in dem Wirrwarr leider verloren gegangen.

Zugführer-Lehrgang zur kurzen Abwechselung

Vom 25. August bis zum 16. September war ich zu einem Zug-
führer-Lehrgang nach Zscherniew kommandiert. Wenn wir hier auch
stramm exerzieren mußten, so war diese Zeit für uns nach dem Still-
liegen im Schützengraben doch eine Erholung. Wir konnten uns doch
mal wieder frei im Gelände bewegen — und uns auch mal ordentlich
von den Läusen befreien, die uns im Schützengraben das Leben doch
zuweilen etwas unbehaglich machten, trotzdem man sich in Rußland
ja bald an das unvermeidliche Übel gewöhnte. Wir hatten unser
Quartier in einer Panjescheune aufgeschlagen, in der wir nach dem
Dienste oft ganz fröhliche Stunden verlebten. Ein Bild der Teilnehmer
an diesem Kursus habe ich nach Hause geschickt. Auf einem Bilde
seht ihr auch unsern Unterstand im Divisions-Reservelager in Si-
niawka, wo wir vom 20. September bis zum 3. Oktober lagen. Das
Lager war in einem Walde, dicht hinter der Front. Wir mußten wäh-

rend unseres dortigen Aufenthalts auch fleißig bei Adamowka exerzieren, wo der Regimentsstab lag.

Zurück an die Front:
Jetzt wird es unbehaglich

Als wir am 3. Oktober nach vorne gingen, fanden wir auch noch eine ziemlich ruhige Front vor. Unsere Leute gingen sogar durch unser Drahtverhau und holten schöne Birnen, die etwa in der Mitte zwischen den Stellungen zu haben waren, bis dann eines Abends unser Horchposten Russen dort bemerken wollte. Ich ließ eine Salve darauf abgeben. Ob aber wirklich Russen bei den Bäumen waren, konnte ich nicht mit Bestimmtheit in der Dämmerung erkennen. Jedenfalls wurden wir aber jetzt vorsichtiger. Unsere Stellung sollte auch bald recht unruhig werden. In unseren vorderen Graben wurden Gasgranaten eingebaut. Am 18. Oktober sollten wir die Russen angreifen, zu welchem Zwecke, konnte niemand von uns begreifen. Wir hatten eine schöne, trockene Stellung. Die Russen aber lagen in dem sumpfigen Walde. Alles wurde zum Angriff auf das Sorgfältigste vorbereitet. Sturmtrupps, Schützenwellen, Beutetrupps waren eingeteilt, Beutewagen bereitgestellt, die Gräben überbrückt, unsere Drahtverhaue durchschnitten. Wir brauchten nur aus dem Graben herauszuspazieren. Aber es sollte anders kommen. Als gegen 3 Uhr morgens das Gas abgeblasen wurde, sahen wir von der 3. Linie aus, daß die Gaswolken ganz nach links abgetrieben wurden und auch viel zu hoch, über den Wald hinweg, gingen. Auch sahen wir vor den Geschützen der Russen, die unaufhörlich weiter auf uns feuerten, große Feuer, die das Gas von den Geschützstellungen fernhalten sollten. Die Russen waren also auf den Angriff vorbereitet. Sie hatten an den Tagen vorher wohl das Tragen der Gasflaschen, das unvorsichtigerweise teilweise über Deckung und nicht durch die Laufgräben geschah, bemerkt. Als unsere Kompagnie nach vorne über Deckung unsern Graben verlassen wollte, bekam sie aus einem senkrecht auf uns zulaufenden Waldstreifen Maschinengewehrfeuer. Da wir uns nicht lange im vorderen Graben aufhalten durften, da ja Gas drin sein konnte und auch drin war, und der Graben stark beschossen wurde, wurde der Befehl gegeben, daß wir alle wieder in die dahinterliegenden Unterstände gehen sollten. Hier warteten wir nun mit fieberhafter Spannung und Ungeduld der Dinge, die da kommen sollten. Endlich wurde mir die Zeit des Wartens zu lange. Ich schickte zum Kompagnieführer und Leutnant Gosling, der meinen Zug führte, und ging schließlich selbst suchen, aber kein Offizier war mehr zu finden. Alle hatten mit dem 1. und 2. Zuge durch eine weiter links liegende Sappe den Graben verlassen und waren in den Wald vorgedrungen, ohne mir Nachricht und weitere Verhaltungsmaßregeln zu geben. Leutnant Gosling war auf Patrouille gegangen. Da ich unsere Maschinengewehre, die noch im Graben waren, nicht ohne Infanteriebedeckung lassen konnte — die in dem Waldstück nahe vor uns liegenden Russen wären dann doch gar zu leicht in den fast verlassenen Graben gekommen — beschloß ich, vorläufig dort zu bleiben und meldete dies dem Kompagnie-Führer. Als dann die 8. Komp. in dem Graben entlang kam, ging ich mit dem Zuge auch durch die Sappe nach vorne. Es war inzwischen wohl 9 Uhr geworden. Als wir die Sappe verließen, bekamen wir von drei Seiten Feuer, und wir wußten zunächst nicht mal, ob die Soldaten vor uns im Walde unsere oder ob es Feinde waren. Wir liefen dann in den Wald und trafen auch unsere Kompagnie. Ltn. Conze befahl mir nun, mit meinem Zuge an den rechten Flügel zu gehen und zu versuchen, durch das vorhin erwähnte, von den Russen besetzte Waldstück hindurchzustoßen und Verbindung mit dem II. Batl. herzustellen. Ich besetzte nun zunächst einen senkrecht auf unsere alte Stellung zulaufenden russischen Graben außerhalb des Waldes. Die Russen beschossen uns nun sofort mit Maschinengewehrfeuer und Granaten. Die Folge davon war, daß

mein ganzer Zug fortlief. Es gelang mir aber, einige Leute zurückzu-
holen und ein stehengelassenes Maschinengewehr und einen Verwundeten mit zurück in den Wald zu bekommen. Hier sammelte ich
meinen Zug wieder und ging dann wieder vor. Ltn. Conze hatte den
Vorgang bemerkt und unterdessen einen weiter vorliegenden Graben
besetzt. Ich schloß mich ihm nun an. Es war uns aber unmöglich,
gegen die Maschinengewehre in dem genannten Waldstück weiter vor-
zugehen. Inzwischen waren uns auch Husaren und Jäger zu Hilfe
gekommen, die im Sprung gegen das Waldstück vorgingen. Als sie
aber in das Maschinengewehrfeuer gerieten, waren sie auch erledigt.
Unterdessen war der Abend herangerückt. Da wurde vom Walde aus
durchgesagt: „Das Bataillon geht in den alten Kampfgraben zurück",
und bald sahen wir auch schon alle in vollem Lauf zurückströmen.
Unser Kompagnie-Führer wollte nicht zurück. Er frug immer wieder
beim Batl. an, ob er auch mit der Komp. zurückkommen sollte, erhielt
aber keine Antwort, das Telephon war wohl entzwei. Die Lage wurde
nun für uns recht unbehaglich. Wir hatten zwar ziemlich gute Deckung

im Graben, so daß wir bis jetzt keine Verluste hatten, aber wir mußten nun doch jeden Augenblick erwarten, daß die Russen über uns herfallen würden, und dann waren wir eben tot oder gefangen. Wir ließen dem Kompagnie-Führer sagen, daß wir unmöglich noch die Verantwortung für die Leute übernehmen könnten. Als nun auch der Kompagnie-Führer der 8. Komp., der noch bei uns war, meinte, wenn wir noch zurück wollten, sei es die höchste Zeit, befahl Ltn. Conze den Rückzug. Nun ging es, was das Zeug halten wollte, zurück. Von der linken Flanke pfefferten nun die russischen Maschinengewehre auf uns. Zum Glück sausten alle Geschosse über unsere Köpfe hinweg. Ging uns die Puste aus und warfen wir uns hin, so trieben uns die Granaten, die hinter uns einschlugen, schnell wieder vorwärts. Wir kamen aber alle gesund, wenn auch total ausgepumpt, im alten Graben an. Zur Belebung der Geister tranken wir nun erst einen ordentlichen Schnaps und machten es uns dann wieder im alten Unterstande bequem, voller Freude, daß die Geschichte so gut abgelaufen war, und daß wir wieder in unserem alten, guten Graben waren. Es sollte aber mal wieder anders kommen. Mein Putzer Grave kam nämlich mit der Nachricht, daß sofort wieder angegriffen und die Russenstellung noch in der Nacht wiedergenommen werden sollte. Teile der 9. und 12. Komp. sollten noch im Walde liegen. Ich bekam den Befehl, mit meinem Zuge an der Sappe anzutreten. Das gab nun ein nicht besonders angenehmes Gefühl, denn in der Nacht war der Erfolg doch sehr aussichtslos. Dazu waren wir nach den Anstrengungen des Tages sehr übermüdet. An Essen war natürlich am ganzen Tage auch nicht gedacht. Aber Befehl ist Befehl. Ich band meine Pistole fest und ging los. Meine Heimatadressen hatte ich für alle Fälle schon am Morgen meinem Kameraden Blöske ins Notizbuch geschrieben. Wie aber nun in der Dunkelheit die Leute zusammenkriegen. Mit Mühe gelang es mir, einen Teil meines Zuges nach der Sappe zu bekommen. Dann wollten sie aber von irgend jemand den Befehl bekommen haben, großes Schanzzeug zu holen, und

Der Alkohol machte manches scheinbar leichter

verschwanden zum Teil wieder. Ltn. Conze lief oben auf der Deckung und bemühte sich, seine Kompagnie zusammen zu bekommen. Der Bataillons-Kommandeur v. Hinüber war selbst im Graben. Trotzdem waren schließlich vom ganzen Batl. doch nur 30–40 Mann bei der Sappe beisammen. Wir gingen nun bis dicht vor den Wald und blieben dort in einem zerfallenen russischen Graben liegen. Was sollten wir auch machen. Wir wußten nicht, wo die Russen waren, ob sie die Stellung im Walde wieder besetzt hatten, wußten auch nicht, wo die Teile der 9. und 12. Komp. lagen. In der Dunkelheit konnten wir auch schon nicht wegen der tiefen, mit Wasser gefüllten Granattrichter, der Draht- und Astverhaue den sumpfigen Wald betreten. So lagen wir zunächst stumpfsinnig im Graben und ließen kommen, was da kommen wollte. Die Leute hatten nicht mal Lust, die hinter uns stehenden spanischen Reiter nach vorn zu stellen. Erst als Ltn. Conze allein dabei anfing, halfen einige. Für den nächsten Morgen mußten wir natürlich Gegenangriffe der Russen erwarten. So kam es darauf an, mehr Leute aus dem alten Kampfgraben heranzuziehen. Ltn. Conze ging selbst zurück, und auch ich ging trotz furchtbarer Müdigkeit ein paar Mal zurück. Alle Unterstände waren voll von Leuten aller möglichen Kompagnien. Mit Mühe gelang es uns, die Leute zu bewegen, nach vorne zu kommen. Selbst Vorgesetzte erklärten sich nicht imstande, nach vorne zu kommen. Ich war auch wieder in meinem alten Unterstande, dachte aber nicht an Essen oder Esswaren mitzunehmen. Unsere Sachen hatten wir nämlich alle zurückgelassen. Die eiskalte Bohnensuppe, die mein Grave geholt hatte, schmeckte denn auch nicht besonders. Am Morgen hatten wir nun zum Glück unsere Stellung ziemlich besetzt. Auch hatten wir einen wenn auch nicht tiefen Graben nach hinten geworfen, ebenso notdürftige Unterstände gebaut. Ich will diese Stellung, die recht unbehaglich für uns werden sollte, kurz aufzeichnen.

Mit faulen Eiern gegen den Feind

Es war uns am nächsten Morgen nicht mehr gelungen, die etwa 100 Meter vor uns im Walde liegende Russenstellung zu zerstören, auch hatten wir die russischen Laufgräben nicht mehr zuwerfen können. Durch letztere versuchten nun die Russen uns am Morgen zu überrumpeln. Sie wurden aber so mit Handgranaten zugedeckt, daß die Gräben bald voller Leichen lagen. Wir hatten aber auch ziemlich schwere Verluste, denn wir hatten vortreffliche Scharfschützen vor uns (eiserne Division, sibirische Truppen). Wir verloren so mehrere Kameraden durch Kopfschüsse. Als die Russen aber einsahen, gaben sie die Angriffe bald auf. Ich war morgens nach hinten in den alten Kampfgraben, um nach meinen Sachen zu sehen. Als die Russen nun angriffen, legte ihre Artillerie nach hinten Sperrfeuer. Ich eilte natürlich sofort nach vorne, aber es war gerade kein Vergnügen, durch das Sperrfeuer hindurch zu rasen. Ich führte zunächst den linken Zug, mußte dann aber den rechten übernehmen, der an dem rechten Winkel lag und so von drei Seiten Feuer bekam. Als ich nach links durchsagen ließ, es möchte mir mein Helm und Seitengewehr gebracht werden, erhielt ich die Antwort, daß soeben ein Volltreffer in unseren Unterstand geschlagen wäre und sämtliche Sachen begraben hätte. Ich habe dann am Abend die Sachen bis auf die Flasche mit Rum, die nicht wieder zu finden war, wieder ausgraben lassen. Kamerad Vizefeldwebel Blöske war in der Nähe des Unterstandes gewesen, und unser Putzer Grave, der vorne drin gewesen war, war mit einigen Schrammen davongekommen. Kurze Zeit darauf wurde Blöske dann durch eine Granate zum Teil verschüttet. Seine Nerven hatten davon wohl zu viel bekommen, er wußte nicht mehr, was er tat, wollte absolut über Deckung nach den Russen, mußte nach hinten gebracht werden und ist dann in ein Lazarett gekommen. An diesem Tage brachte mir ein Melder ein Paket mit Eiern von hinten mit. Er meinte, er habe die andere Post nicht mitkriegen können, hätte aber gedacht, daß Lebensmittel mir sehr willkommen sein würden. Leider waren die Eier faul, und mein Melder Wilhelm Cordes hat dann die Russen damit bombardiert. In der nächsten Zeit bekamen wir nasses Wetter, dazu stand teilweise Grundwasser in unserem Graben, als Unterschlupf dienten uns notdürftige Löcher, Feuer konnten wir nicht machen, so daß das Essen meistens kalt gegessen und der Kaffee kalt getrunken werden mußte; da kann man sich denken, daß unsere Stimmung nicht zu rosig war. Als Gegenmittel gegen Krankheiten bekamen wir zwar viel Alkohol. Wir kamen dann einige Tage wieder in den alten Kampfgraben, aber dort war es auch nicht schön mehr. Die verschiedenen Truppen, die drin gewesen waren, hatten ihn sehr versaut, von den Russen wurde er sehr von Granaten zerschossen. Auch mußten wir nun durch scheußlichen Dreck Material nach vorne schleppen. Es war hier also auch nicht mehr gemütlich. Aber Mutters Geburtstag haben Ltn. Helms, Vizefeldwebel Wiefelstede, Helmke und

ich doch schön im Unterstande trotz schwerer Beschießung gefeiert.
(Alle drei Kameraden sind nun schon längst in Frankreich begraben.)

Außer Gefecht!

Nachdem ich dann noch ein paar Tage vorne im Graben gewesen
war, bekam ich am 30. Oktober den Befehl, mich zwecks Teilnahme
an einem Offiziers-Kursus auf Schreibstube zu melden. Der Kursus begann aber nicht. Da ich mich aber krank fühlte — ich konnte vor
Heiserkeit kaum ein Wort sprechen — ging ich am 31. morgens zum
Arzt. Nach kurzer Untersuchung sagte er: „Mit Ihnen will ich nichts
zu tun haben, sofort ins Lazarett." Ich fuhr dann am Nachmittag mit
dem Krankenwagen auf unglaublichen Wegen in das Feldlazarett 6
nach Zschernikow. Schön war es hier nicht. Das Lazarett war in
Panjehäusern. Der Fußboden von Lehm, Stubendecken fehlten, über
uns hatten wir nur das Strohdach. Nach drei Tagen kam ich zwar
in eine etwas wärmere Behausung. Meine rechte Halsentzündung

Panjehäuser

war etwas besser geworden. Nun bekam ich aber ein Geschwür an der linken inneren Seite. Am 6. November sollten wir weiter rückwärts befördert werden. Um 2 Uhr nachm. mußten wir schon die Wagen besteigen; um 4 Uhr standen sie noch dort. Wir waren natürlich längst wieder abgestiegen und wärmten unsere steif gewordenen Glieder. Endlich ging es los nach Markowicze. Nachdem wir hier ein paar Stunden in einem großen Zelte gelegen hatten, ging die Fahrt mit Kleinbahn weiter nach Kowel. Hier blieben wir in einer Krankensammelstelle. Als ich am andern Morgen aufwachte, entdeckte ich einige Betten von mir entfernt Kollegen Hillmann aus Holzhausen, der nur ein paar Tage vorne gewesen war und einen Armschuß hatte. Am 7. November fuhren wir bis Brest-Litowsk, wo wir abends ankamen. Als wir hier wie überall die ärztliche Kontrolle passierten, schickte mich der Arzt in das Operationszimmer. Er meinte, er müsse mich doch rasch von meinen Qualen befreien. Ich konnte auch kaum Luft mehr bekommen und hatte große Schmerzen, so daß ich froh war, daß das Geschwür geschnitten werden sollte. Das Schneiden mit dem Messer war nicht so unangenehm, wie das mit der Schere, das nachfolgte. Dann machte die Schwester mir einen Alkoholverband, und dann bekam ich zum ersten Male wieder ein schönes weißes Bett in einer Offiziersbaracke. Die Offiziere waren zwar erst etwas verwundert, daß ich mit meinem verbundenen Kopf zu ihnen kam, waren dann aber ganz freundlich. Von Essen und Schlafen konnte natürlich wenig die Rede sein, da ich doch noch starke Schmerzen hatte. Als ich am nächsten Morgen mit der Schwester wieder zum Operationszimmer ging, war ich doch so schwach, daß die Schwester meinte, ich könne doch unmöglich weiter fahren nach Warschau. Nachdem der Arzt dann mit der Schere wieder geschnitten hatte, erlaubte er nach einigen Bedenken doch die Weiterfahrt. So ging es denn weiter nach Warschau. In Warschau wurden wir am nächsten Morgen gründlich entlaust und gebadet, und dann ging es mit der Pferdebahn durch einen großen Teil der Stadt wieder zur Bahn. Vorher waren wir in drei verschiedene Gruppen geschieden. Der Transport, dem ich zugeteilt, fuhr nun weiter nach Lodz, wo wir gegen Abend des 9. November ankamen. Hier kam ich nun in das Militär-Gouvernements-Lazarett. Zunächst mußten wir hier natürlich wieder baden und reine Wäsche anziehen, und dann kamen wir in ein großes schönes Zimmer und vor allem in ein schönes weißes Bett. Was für ein Genuß das ist, wenn man solange verdreckt und verlaust im Schützengraben gelegen hat, läßt sich nicht beschreiben. Hier im Lazarett besuchte mich auch mein Bruder Willy, der damals in Jablonna bei Warschau war. Bis zum 29. November blieb ich hier. Dann wurde ich für gesund erklärt und zum Truppenteil entlassen. Das Regiment 91 war unterdessen aber nach Frankreich gekommen.

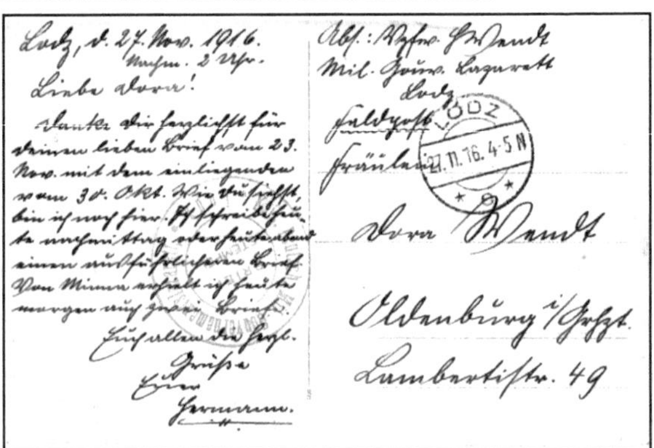

Aus dem Lazarett Lodz schreibt H. Wendt (X) am 27. Nov. 1916 an seine Schwester Dora

Ein Hin und Her zwischen
Heimat Oldenburg, Munster und Warthelager

Als ich nun mit etwa 30 Kameraden in Lodz auf die Kommandantur kam, wußte man dort nicht, wohin ich geschickt werden sollte. Ich rechnete zwar ganz bestimmt damit, daß ich zur Somme käme, hatte doch sogar Pfarrer Altham das bedauert. Aber ich gab doch dem Schreiber den Rat, diejenigen, die den Aufenthalt ihres Regiments nicht kannten, zum Ersatz-Bataillon zu schicken. Das müsse der Oberleutnant entscheiden, sagte er, aber eine Verfügung besage, daß wir dem Truppenteil nachgeschickt werden müßten. Der Oberleutnant war noch nicht da. Als ich nach einiger Zeit wieder nachfragte, erhielt ich den Bescheid „zum Ersatz-Bataillon nach Oldenburg". Ich konnte es aber nicht eher glauben, als bis ich meinen Fahrschein nach Oldenburg in der Hand hatte. Auch da kam es mir wie ein Wunder vor. Statt in den Schlamassel an die Somme, in die Heimat, nach Hause! Das hatte ich nicht erwartet. Um 11.45 Uhr nachts fuhren wir nun am 29. November vom Kalischen Bahnhof in Lodz ab und kamen am 1. Dezember nachts um 1.30 Uhr in Oldenburg an, waren also nur etwa 25 Stunden unterwegs gewesen. Die Überraschung war natürlich groß, als ich nachts gegen 2 Uhr in der Lambertistraße bei Großmutter und Großvater erschien, glaubten doch alle, daß ich von Rußland nach Frankreich mußte. Daß Mutter sich bei der unerwarteten Nachricht, daß ich in Oldenburg sei, sehr gefreut hat, könnt Ihr Euch denken. Ich kam nun in Oldenburg zur 3. Komp. des Ersatz-Bataillons.

Lambertistraße = neuer Wohnsitz der Eltern und Schwester von Hermann Wendt in Oldenburg

Vom 3. Dezember bis zum 12. Dezember hatte ich dann Erholungsurlaub. Nach Oldenburg zurückgekehrt, wurde ich dann der 4. Komp. in Eversten überwiesen und übernahm dort die Ausbildung von Armierungssoldaten. Das war ein schöner vollkommen selbständiger Posten, den ich 4 Wochen behielt. Dann kamen die Leute fort, und ich erhielt denselben Posten bei der 3. Komp., bis ich dann Anfang Februar ganz plötzlich zum Übungsregiment zur Megede nach Munster kommandiert wurde.

Zunächst lagen wir in Munster mit etwa 80 Vizefeldwebeln zusammen und hospitierten etwa 8 Tage in der Lehrabteilung. Dann kam ich zur 4. Komp. Ich lag mit Vizefeldwebel Volbers zusammen in einer der letzten Baracken im Russenlager. Daß es hier im Winter gerade schön war, kann ich nicht sagen. Vom 25. bis 27. Februar hatte ich trotz Urlaubssperre Urlaub. Am Dienstag morgen erhielt ich ein Telegramm, sofort zurück zu kommen. Mein Urlaub war auch ja abgelaufen. In Munster erhielt ich die Nachricht, sofort nach Oldenburg

zu fahren; ich solle zu einem Offizier-Aspiranten-Kursus. So fuhr ich dann nachmittags nach Oldenburg. Am anderen Nachmittag fuhr ich dann ab nach dem Warthelager bei Posen, wo ich am anderen Morgen gegen 7 Uhr noch früh genug ankam. Das Warthelager lag noch im Schnee, und die Warthe war fest zugefroren. Ich hatte 20 Monate Rekruten ausgebildet und mußte mich nun selbst wieder von Grund aus als Rekrut ausbilden lassen. Wir wurden körperlich ziemlich stark herangenommen, aber diese 3½ Monate des Drills und Schliffs habe ich auch mit Humor ertragen. Am Schluß des Kursus wurde ich zwar sehr enttäuscht, da zwei Tage vorher vom Kriegsminister nun der Befehl kam, daß nur eine Beförderung zum Offizier im Felde stattfinden solle. Ich wäre bestimmt befördert worden; nun konnte ich am 15. Juni als Vizefeldwebel wieder nach Oldenburg zurückfahren. Alle anderen Kurse hatten befördert. Ich erhielt dann von Oldenburg aus wieder zunächst 8 Tage Urlaub und als bekannt war, wann wir ins Feld fahren sollten, noch ein paar Tage bis zum 30. Juni dazu.

Nun doch wieder an die Westfront

Am 31. Juni 1917 fuhr ich dann mit Vizefeldwebel Leiner, Schäfer, Öhljeschläger, einem Unteroffizier und einem Gefreiten um 2.40 Uhr nachts mit einem Güterzuge (d. h. wir hatten einen Wagen II. Klasse) von Oldenburg ab. Großvater war trotz der Nacht mit zum Bahnhof. Wir fuhren über Osnabrück, Münster, Elberfeld, Duisburg, Düsseldorf und kamen gegen 4.30 Uhr nachm. in Opladen vor Köln an. Von hier fuhren wir um 9.18 Uhr mit Transportzug ab über Köln, Coblenz und kamen am anderen Abend gegen 8.30 Uhr in Trier an. Um 9.40 Uhr abends fuhren wir dann von hier weiter über Luxemburg, Longwy, Montmedy, Sedan und Charleville. Von Opladen an waren 18 junge Mädchen mit uns im Zuge, die als Helferinnen nach Charleville fuhren. Am 1. Juli kamen wir abends schon auf einer Station vor Charleville an, erreichten aber erst am Morgen des 2. Juli Charleville, wo wir dann noch ein paar Stunden schliefen. Gegen 11 Uhr fuhren wir dann weiter über Rethel nach Juniville, wo wir am späten Nachmittag an- kamen. Zum Glück trafen wir am Bahnhof Wagengelegenheit, so daß

wir unsere Sachen nicht ganz zu dem Walde schleppen brauchten, in dem die Schreibstuben des Regiments 91 lagen. Hier ruhten wir uns nun zunächst von den Anstrengungen der Reise ordentlich aus. Ich wurde wieder der 11. Komp. zugeteilt, bei der ich ja auch in Rußland war. Am anderen Abend, also am 3. Juli, meldete ich mich dann bei Ltn. Helms, der die 11. Komp. führte, in der Bereitschaftsstellung am Keilberg. Ltn. Helms war natürlich sehr erfreut, mich zu sehen. Auch traf ich zu meiner Freude Offizier-Stellvertreter Volbers bei der Komp., mit dem ich zusammen in Munster beim Übungs-Regiment war. Auch war Vizefeldwebel Hurrelmann dort, der mit mir als Unteroffizier im Rekruten-Depot in Oldenburg war. Die Kompagnie lag in einem kleinen Wäldchen etwa 2000 Meter hinter der Stellung. Hier waren regellos ganz primitive Unterstände angelegt. Vor uns, hinter uns, rechts und links von uns schlugen zahlreiche schwere Granaten ein. Nur unser Wäldchen wurde nicht getroffen. Am Tage führten wir hier ein faules Leben; nachts mußte ich einen Träger-trupp, der Lebensmittel nach vorne brachte, führen. Das war kein angenehmer Dienst, denn der Weg führte durch ein Trichterfeld, das

alle Augenblicke von Granaten umgewühlt wurde. Besonders schlimm war es in einer Schlucht. Man mußte den günstigen Augenblick abwarten. Wenn gerade wieder eine Salve in derselben krepiert war, ging es im „Marsch, Marsch" hindurch. Anzutreiben brauchte man die Leute nicht, denn jeder wußte zur Genüge, daß er um sein Leben lief. Als Führer mußte ich nur sehr aufpassen, daß die Sachen (Kaffeebehälter, Lebensmittelsack usw.) alle mitkamen und nicht weggeworfen wurden. Ich mußte umsomehr aufpassen, als ich meistens Leute von anderen Kompagnien zu führen hatte. Eines Abends kam ich zur 6. Komp., die den Tag über schwerstes Feuer bekommen hatte. Der Abschnitt war furchtbar zerschossen, die Stimmung der Leute sehr schlecht, alles fürchtete den kommenden Tag. Tote und Verwundete hatten die Pioniere schon mitgenommen. Die mußten sonst auch meistens von den Trägertrupps mitgenommen werden. Viele Tote kamen aber nicht zurück, sondern blieben unterwegs liegen. Wenn die Trägertrupps unterwegs nämlich Feuerüberfälle bekamen, suchte natürlich jeder sein Leben zu retten. Alles flüchtete in die Granattrichter, und beim Durchqueren des Trichterfeldes stieß man dann später überall auf Tote in ihren Zeltbahnen. So ging es natürlich auch häufig mit den Lebensmittelsäcken und Feldflaschen und Kaffeebehältern, die auch genügend im Trichtergelände umherlagen. Ich habe zum Glück immer alle Sachen heimgekriegt und habe auch niemals Verluste an Toten oder Verwundeten gehabt. Ich habe aber doch jedes Mal sehr aufgeatmet, wenn ich gegen Morgen wohlbehalten wieder „zu Hause" in die Erde steigen konnte. Ich war dann gewöhnlich auch rechtschaffen müde, so daß ich auf meinem Drahtgestell trotz des vollendeten Kanonendonners und der Bombenabwürfe der feindlichen Flieger bald in tiefem Schlummer lag.

Am Abend des 8. Juli sollte die Komp. in Bereitschaftsstellung beim Bataillonsunterstande vor dem Hochberge gehen. Wir machten uns in der Dämmerung mit unserem ganzen schweren Gepäck (die

Leute trugen dazu noch je 5 Handgranaten und großes Schanzzeug)
in Reihe (Gänsemarsch) auf den Weg. Ich ging vorne, hinter dem
Kompagnieführer. Als wir beim Bataillons-Unterstande ankämen, in
dessen Nähe unaufhörlich Granaten einschlugen, sagte Ltn. Helms
plötzlich: „Wendt, mit Ihrem Zuge rechts ab, nach vorne." Ich ging
rechts ab im Graben entlang, ließ aber sofort halten, da ich mir nicht
denken konnte, daß ich in vorderste Stellung sollte, hatte ich doch
vorher auch den Befehl gehabt, beim Bataillons-Unterstande zu bleiben. Dann hatte ich keinen Führer nach vorne und auch nur zwei
Gruppen in meinem Zuge. Ich schickte zum Leutnant, aber es dauerte
entsetzlich lange, bis ich Antwort bekam. Der Aufenthalt im Granat-
feuer war wirklich nicht angenehm, konnte doch jeden Augenblick
auch bei uns im Graben eine Granate krepieren. Endlich bekam ich
die Antwort, ich solle mit meinem Zuge in vorderster Linie ablösen;
ich bekam eine Gruppe dazu, so daß mein Zug jetzt drei Gruppen
stark war. Ein Führer kam, und der Marsch in die erste Linie
konnte endlich weiter gehen.

Das Grauen des Schlachtfeldes

Dieser Weg nach vorne war natürlich kein Vergnügen. Der
Graben hörte sehr bald auf; an Weg und Steg war selbst-
verständlich auch nicht zu denken. Einer torkelte hinter dem
anderen durch das immer wieder von Granaten durchwühlte Trichterfeld. Rings um uns schlugen unaufhörlich Granaten ein. Kam eine
sehr nahe, stürzte alles in die schlammigen, mit Regenwasser gefüllten Trichter, oder alles stürzte im „Marsch, Marsch" mit dem
schweren Gepäck nach vorne. Übrigens war natürlich jeder bemüht,
so schnell wie möglich die erste Linie zu erreichen. Daß man etwas
warm dabei wurde, läßt sich denken. Vorne angekommen, fanden
wir einen etwa 2 m tiefen Graben und auch 6 oder 7 durch enge

Gänge verbundene Stollen vor. Der linke Flügel, der größere Teil
des Kompagnieabschnittes, hatte aber keine Stollen. Wie mir nunmehr
Offizier-Stellvertreter Volbers, der mit ein paar Unteroffizieren und
Leuten schon am Abend vorher in Stellung gegangen war, mitteilte,
sollte ich die in Stellung liegende Kompagnie vom Regiment 189 ver-
stärken, da dieselbe sehr zusammengeschmolzen war. Ein Zug hatte
z. B. nur mehr eine Gruppe. Ich mußte aber sofort den ganzen Kompagnieabschnitt mit Posten besetzen, da die Kompagnie sich fast gar
nicht mehr um den Abschnitt bekümmerte. Die Leute hatten nicht
mal Lust, das Wasser aus dem Graben abzulassen. Die Kompagnie
gehörte zur sogenannten Konfirmanden-Division. Ein Offizier-Stellvertreter erzählte mir auch, daß wohl eine Anzahl von den Knaben zu
den Franzosen übergelaufen seien. Auch wurde später erzählt, daß
die Franzosen zwei Gefangene wieder herübergeschickt hätten mit
dem Bemerken, die wären ihnen denn doch zu jung, die müßten erst
konfirmiert werden. Ob es wahr ist, weiß ich nicht. Am andern Tage
besahen Offizier-Stellvertreter Volbers und ich uns nun unsere Stellung.
Wir durften uns aber nicht viel im Graben sehen lassen, da die Stellung besonders von rechts, vom Corniletberge vollständig einzusehen
war und die franz. Maschinen-Gewehre von dort zum Teil im Graben
entlang schießen konnten. Unsere Posten mußten wir später darum
auch sogar nach hinten durch Aufbau gegen Sicht schützen. Unser
Kompagnieabschnitt hatte noch einen guterhaltenen Graben, aber
links davon, wo die 74er lagen, war er vollständig eingedonnert. Hier
sah es grauenhaft aus. Es roch nach Blutlachen, und der Fuß trat
über Fleischfetzen hinweg. Ich hatte wieder Gelegenheit, mich darüber zu wundern, wie schnell doch wieder Grauen, Mitgefühl und
auch Angstgefühl verschwinden, wenn man erst wieder mitten drin
in dem Schrecken des Krieges ist. Und dann steigt auch aber wohl
der tröstende Gedanke in einem auf, wie gut es doch ist, daß die
Lieben daheim sich doch nie und nimmer die Schrecken des Krieges
vorstellen können, daß es ihnen nicht möglich ist, sich auch nur ein

annäherndes Bild von dem Grauen des Schlachtfeldes zu machen. Offizier-Stellvertreter Volbers wollte mir noch weiter links die Stellung zeigen, wo noch eine ganze Anzahl toter Franzosen lagen, aber ich verzichtete doch darauf, denn wenn meine Nerven auch wohl den Anblick vertragen hätten, so gehe ich, nur um den Anblick zu genießen, doch nicht gerne an solche Stellen. Am Abend kam nun der übrige Teil der Kompagnie in Stellung. Ich bekam den Befehl, mit meinem Zuge in der Nacht an einer Sehnenstellung (Vorstellung), die schon angefangen sei, zu arbeiten, vor allem dort Draht zu ziehen. Die Division verlange die unverzügliche Ausführung. Es war aber kein Stacheldraht zu finden, auch war mir die Sache in dem noch unbekannten Vorgelände denn doch zu gefährlich, denn es wurde ständig von den französischen Maschinen-Gewehren bestrichen und ich hätte wohl kaum einen Mann wieder gesund in den Graben bekommen. Dann war auch noch sehr viel andere, mir wichtigere Arbeit zu tun. So blieb ich mit meinem Zuge im Graben. Der nächste Tag verlief bis 4 Uhr nachm. sehr ruhig. Dann aber setzte plötzlich ein wüstes Trommelfeuer auf unseren Graben ein. Wir hatten auch den Kompanieführer darauf aufmerksam gemacht, daß sich auf keinen Fall bei

Tage jemand im Graben sehen lassen dürfe. Trotzdem hatten doch Leute gegen den strickten Befehl bei dem schönen Wetter Karten im Graben gespielt. Ob das Trommelfeuer nun die Folge davon war, oder ob der Franzose die Ablösung in der Nacht bemerkt hatte, weiß ich nicht. Aber wie sah unsere Stellung aus, als ich um etwa 10.30 Uhr den Stollen verlassen konnte. Von einem Graben war wenig mehr zu erkennen; Granaten und Minen hatten ihn vollständig eingeebnet. Die Stolleneingänge waren zum Teil zugeschlagen und verschüttet; in alle Stollen war aber so viel Erde, Gestein und Geröll gestürzt, daß wir die ganze Nacht anstrengend arbeiten mußten, das Hereingestürzte mit Sandsäcken wieder hinaus zu schaffen, um Luft und Platz in den Stollen zu schaffen. Auch mußten wir ja notdürftig wieder einen Graben herstellen. Grauenhaft sah es besonders am linken Flügel unseres Kompagnie-Abschnittes aus, wo ja keine Stollen waren. Hier war alles verschüttet und eingeebnet, bis auf ein kleines Loch, das Offizier-Stellvertreter Volbers und ein Unteroffizier ganz am linken Flügel bewohnten. Hier waren auch mehrere Leute verwundet und getötet. Im allgemeinen aber hatten noch die Leute den Minen ausweichen können. Sie waren immer im Graben hin und hergestürzt. In der Nacht besuchte ich Offizier-Stellvertreter Volbers noch und besprach mit ihm lange die Lage. Daß am nächsten Morgen das Trommelfeuer im verstärkten Maße wieder einsetzen würde, war ja anzunehmen. Ich bat Volbers, den Kompagnie-Führer, mit dem ich auch schon darüber gesprochen hatte, zu ersuchen, den Abschnitt zu räumen und nur einen freiwilligen Posten hineinzustellen. Volbers lehnte das aber ab. Er war derselben Ansicht wie der Kompagnie-Führer. Der Franzose könne dann ziemlich ungehindert in den Graben kommen, und wenn er dann mit seinen Flammenwerfern an die Stollen dringe, sei die ganze Kompagnie verloren. Er könne die Leute ja nicht darin verdenken, wenn sie am anderen Tage ausrückten, er selbst aber bliebe und würde wohl den Heldentod sterben. Er schrieb mir dann noch die Adressen seiner Angehörigen in mein Notizbuch, wir nahmen Abschied, — und am anderen Tage hat er dann auch mit Unteroffizier Idem und mehreren Kameraden den Heldentod erlitten.

Zwar galten die Flammenwerfer als unausgereift, konnten aber dennoch eine verheerende Wirkung haben

Im Trommelfeuer der Franzosen

Am nächsten Tage setzte das Trommelfeuer schon gegen 8 Uhr morgens in verstärktem Maße ein und hielt ununterbrochen bis 10.30 Uhr abends an. Dann besetzte der Franzose wohl wieder seinen vordersten Graben, den er am Tage wegen der kurzen Entfernung von uns geräumt hatte, und verlegte das Feuer nach hinten. Nun begannen dann für uns wieder die schweren Aufräumungsarbeiten. So spielte sich das Leben in den nächsten Tagen und Nächten weiter ab. Was es heißt, im schweren Trommelfeuer, bei dem alles Eisen, was es nur gibt, auf die Köpfe hagelt, und wo alle Augenblicke die 28er Granaten mit Verzögerung, die tief in die Erde eindringen und erst dann krepieren, die Erde von unten erbeben lassen, kann nur der empfinden, der es mitgemacht hat. Zunächst denkt man wohl oft bei den vielen Granaten und Minen, die gerade über dem Kopf einschlagen, muß die Erde doch bald so aufgewühlt sein, daß die nächste durchschlägt. Es legt sich auch ein unangenehmer Druck auf den Kopf. Aber die Nerven sind bald so überspannt, daß man stumpfsinnig wird und versucht, möglichst wenig zu denken. Man raucht und döst und läßt kommen was will. Bis man dann durch besondere Ereignisse wieder aufgerüttelt wird. So bat mich der Kompagnieführer einmal zu sich und teilte mir mit, daß die links von uns liegende Kompagnie eines andern Regiments verschwunden sei, was wir machen wollten. Ich entgegnete: „Einen beherzten freiwilligen Posten in den Graben stellen, den Graben abriegeln und dann kommen lassen, was will." Der Franzose kam nicht, und am Abend wurde der Abschnitt von den 74ern wieder besetzt. Ein ander Mal kam der Befehl durch: „Gas!" Alles setzte sofort die Gasmaske auf. Daß der Aufenthalt im Stollen, der mit Menschen angefüllt war, und in dem die Luft durch den Kreidestaub und Pulverdampf kaum zu genießen war, angenehm war, kann ich nicht sagen. Wir mußten so schon immer dafür sorgen, daß die engen Durchgänge von einem Stollen zum andern nicht mit Leuten

besetzt waren, da man das sofort am Atmen merkte. Zum Glück
konnten wir die Gasmaske bald wieder absetzen, da der Feind nur
einige Gasgranaten geschossen hatte. Unangenehm war auch der
Durst, der uns plagte. Eines Nachts blieb sogar die Verpflegung aus.
Der Kompagnie-Führer hatte zwar noch etwas Kaffee für evtl. Verwundete zurückbehalten, so daß er jedem einen Viertelliter-Trinkbecher
voll geben konnte, der bis zur nächsten Nacht ausreichen mußte. Aber
das war ja nur ein Tropfen auf einen heißen Stein. Ich hatte mit zwei
Kameraden den Kaffee in ein Kochgeschirr getan und dasselbe an die
Wand gehängt, um für den Notfall noch etwas zu haben. Da schlug,
als gerade der Kompagnie-Führer Leutnant Helms und Leutnant Schäfer in meinem Stollen waren, eine Granate auf den Eingang. Ein
Sprengstück brachte eine unten hängende Stielhandgranate zur Explo-
sion, der ganze Stollen war voll Rauch und Feuer. Im ersten Augenblick glaubten natürlich alle, daß die Granate durchgeschagen sei.
Ich hatte mich unwillkürlich umgedreht und dabei war das Kochgeschirr von der Wand gestürzt und der Kaffee natürlich verschüttet.
Ich habe aber nicht so besonders unter dem Durst gelitten, die Leute

Stollen, Schützengräben, Unterstände und Abwehrstellungen wurden mit enormem Kraftaufwand erstellt.

jedenfalls den Klagen nach mehr. Leider wurden mehrere Kameraden durch die Granate verwundet, einer schwer, die anderen leichter, darunter auch Leutnant Schäfer. Ich war mal wieder gut weggekommen. Da aber immer häufiger Granaten auf die Stolleneingänge schlugen, wagte ich es bald selbst nicht mehr, Posten auf die oberen Treppenstufen zu stellen. Ich erkundigte mich bei der 12. Kompagnie, ob sie meinen Abschnitt mit übersehen könne. Und als sie dies bejahte, verzichtete ich auf Posten, denn jeden hinaufgeschickten jungen Kameraden mußte ich als verloren betrachten. In der Nacht vom 12. zum 13. August rief mir Leutnant Helms von seinem Stollen aus durch, daß der Befehl eingetroffen sei, daß ich in der Nacht vom 13. zum 14. August nach Empfang der Lebensmittel mit allen kommandierten Leuten des Bataillons die Stellung verlassen und mich bei der Sturmschule der 19. I.-D. melden solle. Meine Überraschung und meine Freude waren natürlich groß, aber so recht wollte die Freude doch noch nicht aufkommen, war ich doch noch längst nicht aus der Gefahr heraus, sondern erwarteten wir doch stündlich den Angriff. In der Nacht vom 13. zum 14. um 1 Uhr schien es denn auch wirklich loszugehen. Ganz rechts von uns stiegen auf unserer Seite plötzlich rote Leuchtkugeln hoch, die sich immer weiter nach links bis zu uns

70

fortpflanzen. Das bedeutete, daß unsere Kameraden dort unser Artillerie-Sperrfeuer anforderten. Die Franzosen mußten also kommen. Wir atmeten alle auf, denn das war doch eine Erlösung aus dem Trommelfeuer. Ich erinnere mich noch, mit welchem Gefühl der Erleichterung ich durch den Graben eilte, kein Gefühl der Angst kam in mir auf. Beim hellen Schein unserer weißen Leuchtkugeln konnte ich aber, trotzdem wir dem französischen Graben am nächsten waren, Feinde nicht erkennen. Ich befahl daher, keine roten Leuchtkugeln zu schießen. Trotzdem schoß ein Mann vom Kompagnie-Stab eine ab, und nun setzte auch bei uns von unserer Artillerie ein rasendes Feuer ein, wie ich es vorher von unserer Artillerie nicht gehört hatte. Das Feuer ging eben über unsern Graben hinweg, lag also vorzüglich und mußte in dem nahen franz. Graben furchtbare Zerstörung anrichten. In unserem Graben gab es aber auch Ordnung zu schaffen. Einen Trägertrupp, der Verwundete und Tote mit nach hinten nehmen sollte, mußte ich wieder aus dem Stollen treiben, in den er unnötigerweise geflüchtet war, und Tote und Verwundete mußten beiseite geschafft werden, damit nicht auf ihnen herumgetreten wurde. Der Franzose aber kam nicht, er hatte von unserem wahnsinnigen Artilleriefeuer wohl die Nase voll bekommen.

Marsch, Marsch! durchs Sperrfeuer ...
... endlich wieder Sonne!

Die ganze Geschichte hatte aber doch eine ziemliche Zeit gedauert. Wenn ich den Graben noch verlassen wollte, mußte ich mich beeilen, denn es mußte bald hell werden, und dann wurde es unmöglich. Ich nahm also schnell Abschied von meinem lieben Kompagnieführer Leutnant Helms und ließ die Leute des Bataillons zusammentrommeln. Es ging aber immerhin noch eine Stunde drauf, bis alle beisammen waren, und dann ging es fast immer im Eilmarsch oder im Marsch, Marsch! mit dem schweren Gepäck durch das Sperrfeuer hindurch. Daß wir bei einem solchen Marsch durch eine Strecke von fast 5 km keinen trockenen Draht behielten, kann ein jeder sich denken. Ich glaube, daß ich am frühen Morgen (es war 3.30 Uhr, als wir die Stellungen verließen) noch nie so geschwitzt habe. Hinter den Stellungen der schweren Artillerie machten wir den ersten Halt. Es wurde getrunken und die Zigarre angezündet. Die Sonne ging auf. Die letzten Tage hatten wir sie nur durch den engen Eingang des Stollens gesehen, und da auch nur durch die graue Dunstschicht des Pulverdampfes und Kreidestaubes. Vögel erhoben ihre jubilierende Stimme und erregten eine merkwürdige Stimmung in unseren Herzen nach dem tagelangen Getöse da vorne. Welch herrliches Gefühl der Freiheit kam doch in uns auf, als wir nun durch den erwachenden Tag unbehindert weiter marschieren konnten. Als wir dann am frühen Nachmittag über eine Höhe an ein Dorf kamen, mußten wir dieses zwar doch noch umgehen, da unaufhörlich feindliche Granaten und Schrappnells in dasselbe hineinschlugen. Gegen 4 oder 5 Uhr nachmittags kamen wir endlich bei unserer Schreibstube in einem Walde an. Daß wir nach dem langen Marsche mit dem schweren Gepäck in der Sonnenhitze zum Umfallen müde und schlapp waren, läßt sich denken. Deshalb war unser Feldwebel Bunjes auch ganz damit einverstanden, daß wir die Nacht dablieben und am anderen Morgen erst

Das teils zerstörte Mouron in der Champagne-Ardenne

unseren Marsch nach Senil zur Sturmschule fortsetzten. Wir hätten den Zug nach Amagne auch wohl nicht mehr erreicht. Bei der Gefechtsbagage verlebte ich bei einem kleinen Faß Bier dann auch einen ganz schönen Abend. Am andern Morgen fuhren wir mit dem Zuge bis Amagne und gingen von dort zu Fuß nach Senil, wo wir weil es Sonntag war, noch immer früh genug ankamen. Am 21. Juli wurde die Sturmschule von Senil nach Falaise verlegt. Der Aufenthalt bei der Sturmschule ist bei mir nicht gerade in besonders guter Erinnerung, da auch ich hier körperlich sehr herangenommen wurde. Besonders die Hindernisbahn und die Hechtsprünge von Trichter zu Trichter werde ich im Gedächtnis behalten. Andererseits war die Zeit außerhalb des Dienstes ja sehr schön. Falaise lag bei der Stadt Vouziers, die wir öfters besuchten. Am 14. August kam ich zur 11. Kompagnie zurück, die in Vaux-Mouron in der West-Champagne in Ruhe lag. Ich fühlte mich in den 8 Tagen, die ich hier war, aber gar nicht besonders wohl, mochte mich aber nicht krank melden, da wir am 21. August in Stellung an den Kanonenberg sollten und das Krankmelden dann leicht als Drückebergerei angesehen werden konnte.

Von der Front vier Monate lang in Lazaretten, dann Kampfschule und ... zurück an die Front

Der fast vierstündige Marsch am Abend des 21. August zur Stellung wurde mir dann aber doch sehr sauer. Und als ich dann nachts Grabendienst übernehmen mußte, konnte ich ihn kaum ausführen. Ich mußte dann den Kompagnie-Führer um Befreiung vom Dienst bitten. Der drang aber darauf, daß ich am Nachmittag zum Regimentsarzt Dr. Lücken ging. Mir waren auch die Leisten- und Oberschenkeldrüsen sehr angeschwollen, wahrscheinlich von den Anstrengungen bei der Sturmschule. Der Arzt sagte, er könne keine Verantwortung übernehmen, ich müßte unbedingt zurück. So fuhr ich denn nachts mit einem Wagen zurück nach Mouron zur Regiments-Krankenstube. Der Aufenthalt hier war scheußlich. Ratten liefen hier herum wie kleine Katzen. Das Lager war erbärmlich. Der junge Unterarzt wußte mit mir nichts anzufangen. Als dann nach etwa acht Tagen Dr. Lücken kam, wunderte er sich, daß ich noch dort sei, ich hätte Gelbsucht und müßte sofort ins Lazarett. Er bestellte einen Wagen, und am Nachmittag des 30. August fuhr ich in das Feldlazarett 95, das in einem Schloß des Bürgermeisters von Reims in Olizy war. Am 2. September kam dann zwar unser Feldlazarett 95 fort und das Feldlazarett 56 daher. Ich hatte hier aber bis auf den Chefarzt gute Ärzte, ein schönes weißes Bett in einem netten Zimmer mit Ausblick auf den herrlichen Park und vor allem auch ausgezeichnete Verpflegung. Nach längerer Zeit konnte ich auch schon aufstehen und im Park ein paar Stunden spazieren gehen, so daß ich glaubte, bald wieder zur Truppe zurückzukommen. Ich war nämlich zum Offizier eingereicht und konnte auf baldige Beförderung rechnen. Eines Tages aber sagte der Arzt bei der Untersuchung, er würde mich am liebsten nach Kissingen schicken, es könne lange dauern, bis ich gesund würde. Er meinte, meine Gesundheit ginge mir doch auch über alles, für mich wäre es in Deutschland am besten.

Fast sechs Wochen lang – vom 22. September bis 6. November 1917 – verbrachte Hermann Wendt (das Bild zeigt ihn rechts außen) im Vereinslazarett Enkenbach in der Pfalz, dann drei Wochen im Pius-Hospital in Oldenburg, eine weitere im Res.-Lazarett Hildesheim und dann vom 1. Dezember bis 1. Februar 1918 zwei lange Monate im Lazarett Bad Salzdetfurth.

So fuhr ich denn am 21. September um 7.30 Uhr morgens im Anhänge-wagen eines Autos nach Grand-Pre und von dort im Lazarettzug ab nach Deutschland. Die Verpflegung im Lazarettzug war schlecht. Es gab mulsche Graupensuppe und abends eine Schnitte Brot. Am 22. September kamen wir gegen 11 Uhr vorm. in Kaiserslautern in der bayrischen Pfalz an und gegen 2 Uhr nachm. in Enkenbach, einem Dorf von etwa 2000 Einwohnern. Hier blieb ich nun in dem Vereinslazarett bis zum 6. November. Die erste Zeit hier war nicht schön, da ich so-fort nach Ankunft schwer krank wurde. Ich bekam die sogenannte Weilt'sche Krankheit, eine infektiöse Bluterkrankung dazu, die alle inneren Teile, besonders die Leber, Nieren, Milz usw. angriff. Nach etwa 12 Tagen war die Gefahr aber überstanden, und ich besserte mich dann ziemlich rasch. Ich ließ mich dann nach Oldenburg ver-legen, fuhr am 6. November morgens um 8.30 Uhr von Enkenbach ab und landete am 8. November nach einer besonders schönen Rheinfahrt in Oldenburg im Pius-Hospital.

Im 1871 gegründeten Pius-Hospital in Oldenburg musste Hermann Wendt mehrmals behandelt werden. (Das Bild zeigt ihn oben Reihe ganz links).
Noch heute beherbergt das historische Gebäude an der Georgstraße eine der bedeutendsten norddeutschen Kliniken.

Munster in der Lüneburger Heide war ein Truppen- und Übungslager. Die erste Belegung erfolgte im Juni 1893 durch das Oldenburgische Infanterie-Regiment Nr. 91 unter dem Kommando des damaligen Oberstleutnants und späteren Generalfeldmarschalls und Reichspräsidenten Paul von Hindenburg.

M u n s t e r (Lager), den 8. August 1918.

Ich muß schnell zum Schluß mit meinen Erinnerungen kommen, denn morgen mittag um 12.58 muß ich die dritte Fahrt ins Feld antreten.

Also vom Pius-Hospital kam ich am 26. November mit Lazarett-Hilfszug plötzlich weg nach Hildesheim zum Res.-Laz. „Stadthalle" und von dort am 1. Dezember nach Bad „Salzdetfurth". Am 1. Februar 1918 wurde ich hier als geheilt entlassen zum 1. Ersatz-Bataillon 91, 3. Kompagnie, in Oldenburg. Von hier hatte ich vom 20. März bis zum 3. Mai einen Munitionstransport nach Frankreich. Etwa 3 Wochen lag ich in Vilvorde bei Brüssel, und dann 10 Tage in Lanoy. In Ascq bei Lille gab ich dann den Zug ab. In meinen Notizbüchern stehen wohl auch Aufzeichnungen darüber.

Am 8. Mai kam ich dann zur Lehrabteilung nach Munster und am 21. Juni zur Kampfschule nach Schüttorf bei Bentheim. Am 20. Juli kam ich dann von dort zum Ausbildungs-Regiment „Hannover" wieder nach Munster. Von hier soll es nun morgen, am 9. August 1918 wieder ins Feld zur 19. Inf.-Div. gehen. Ich hoffe, daß ich wieder zum Regiment 91 komme.

Wenn ich in meinen Erinnerungen das Leben da draußen vielleicht etwas trübe geschildert habe, so müßt Ihr beim Lesen derselben es Euch aber auch nicht zu schlimm vorstellen, denn es gibt im Felde auch manche schöne und vergnügte Stunde, deren man sich später gerne erinnert. Hoffentlich beschert mir das Geschick auch bei meinem dritten Aufenthalt im Felde Glück und läßt mich gesund zu meinen Lieben zurückkehren. Das walte Gott!

*　*　*

Anna Wilhelmine „Minna" Wendt

Munster (Lager), den 8. August 1918,
8 Uhr abends.

Meine innigstgeliebte Frau!

Wenn dieser Brief in Deine Hände kommt, bin ich längst auf dem Wege zur Front oder vielleicht gar schon dort angelangt. Heute mittag erst ist mir mitgeteilt, daß ich morgen mittag hier um 12.58 mittags mit einem Transport zur 19. Inf.-Div. abfahre. Wir haben es heute nachmittag nun ja etwas drock gehabt. Es drängt mich aber doch, Dir zum Abschied noch ein paar Zeilen zu schreiben. Vorbereitet waren wir ja beide auf diesen Abschied, da wir ja wußten, daß ich bald hinausmußte. Leicht ist es ja trotzdem für uns alle beide nicht, aber wir wollen tapfer sein, wie wir uns ja auch immer gelobt haben, nicht war, Lieb? Ich weiß, daß ich unter Umständen Schwerem entgegen gehe, bin aber ganz ruhig und zuversichtlich. In dieser Beziehung brauchst Du Dich also nicht zu sorgen um mich. Ich bin zweimal draußen gewesen und behütet worden, so wollen wir hoffen, daß es auch das dritte Mal gut geht. Wenn ich vielleicht auch draußen Schweres durchmachen muß, so weiß ich doch, daß Du es unter Umständen zu Hause noch schwerer hast, denn in der Gefahr stehen und ihr entgegentreten zu können, ist oft leichter, als sie nur ahnen und sich dann mit schweren Gedanken quälen zu müssen. Ich möchte

Dich darum von Herzen bitten, Dich nicht unnütz mit solchen Gedanken zu quälen, auch wenn Du mal länger ohne Nachricht von mir sein
solltest. Hoffe und denke nur immer das Beste. Ich darf Dir doch
wohl alles das so schreiben, Herzlieb, denn wir sind doch beide ver-
rünftige Menschen, die auch der Gefahr ruhig und klar ins Auge sehen
können. Sollte ich einmal verwundet werden, so sei auch dann ruhig
und denke nicht sofort das Schlimmste. Ich denke mir das immer als
das Schlimmste, wenn ich annehmen müßte, daß Deine Nerven in solchen Fällen versagen könnten, besonders auch der Kinder wegen.
Auch wenn das Geschick das Schlimmste von uns verlangen sollte,
was Gott verhüten möge, halte Dich tapfer. Richte Dich an den Kindern auf und bedenke immer, daß Du ihnen, so lange ich nicht bei
Euch bin, auch den Vater ersetzen mußt. Ich kann nicht anders,
meine liebe M., ich muß mir das mal alles vom Herzen schreiben,
dann gehe ich noch mal so ruhig fort. Ich hätte mit Dir das ja auch
alles besprechen können, und es trieb mich auch immer dazu, aber ich
mochte Dir den Abschied doch nicht dadurch noch schwerer machen.
Also immer tapfer und ruhig, Lieb, auch bedenken, daß es mir draußen auch manchmal recht gut geht, und daß ich dort zuweilen auch
schöne und sogar vergnügte Stunden verlebe. Sei also, soviel Du
kannst, auch mit Deinen Kindern vergnügt.

Unsere Transportführer, die ich heute schon sprach, sind Leutnant Knüpling und Leutnant Behrens aus Wildeshausen. Vielleicht
können die nach ihrer Rückkehr Dir schon mittcilen, wo ich geblieben
bin. Ich möchte diesen Brief doch noch eben zur Post bringen. Also behalt mich lieb, wie ich Dich, geliebte Frau, und sei froh und
guter Dinge. Erzähle den Jungens und grüße sie.

In innigster Liebe immer Dein   H e r m a n n.

Notizen zum Ende

Nach dem 8. August 1918 ist es meinem Großvater nicht mehr gelungen, seine aktuellen Aufzeichnungen, die er trotz der besonderen Beanspruchung fortgesetzt hatte, auszuformulieren.
Doch diese Notizen sind gottlob erhalten geblieben. Sie zeigen nachfolgend, wie ereignisreich und strapaziös die letzten Wochen seines Lebens noch waren ...   dhw

Am 8. 8. 18, mittags 1 Uhr, Befehl für Feld. Am 9. 8., nachmittags 2.58 Uhr, Abfahrt von Munster (Lager). Am 13. 8., 2.45 Uhr, in Amagne, wo ich 1917 meinen Spazierstock kaufte. 14. 8.: Viele feindliche Flieger. Auf der letzten durchfahrenen Station 3 Wagen eines anderen Zuges getroffen. Mehrere Verwundete und Tote. Gegen 2 Uhr in St. Arme. Weitermarsch 6.30 Uhr bis vor Craonne. Dort Übernachtung in Unterständen und im Freien. Am anderen Morgen bis Beaurieux. (Wird beschossen.) Dort Verteilung, zurück bis Regiments-Geschäftszimmer. Am anderen Tage Abmarsch 7 Uhr abends zur Kompagnie in Bereitschaft, südwestlich von Beaurieux. Maizy—Aisne-Kanal.

Am 15. 8. zur Schreibstube; 16. 8. zur Kompagnie; 19. 8. Meldung beim Bataillon und Regiment. 19. 8.: Feind schießt 23 Blindgänger. 20. 8., morgens: Fühle mich leider so schlecht, daß ich mich krank melden muß; bleibe bei der Kompagnie liegen und schwitze. Morgens 37 ^{8}, abends 37 ^{2} ^{0} Fieber. Aspirin, Tee, Opiumtropfen. Kann keinen Dienst machen.

Der Kanal Maizy-Aisne

Am 22. 8. wieder dienstfähig geschrieben. Es geht mir auch wieder gut. Außerordentliche Hitze, aber wundervolle Abende, die leider durch Artilleriefeuer und Bombenabwürfe etwas gestört werden. Wir bleiben hinter unserem Hang aber unberührt davon. Abends zum Baden im Aisne-Kanal. Nach der Hitze herrlich. Ein feindlicher Flieger schießt nachmittags einen Fesselballon ab, der brennend abstürzt. Beobachter kommt im Fallschirm herunter. Kompagnie baut vormittags Stollen, nachmittags etwas Exerzieren, Unterricht, Appells.

Sonntag, den 25. 8.: Wieder ein Sonntag im Felde. Ich liege allein in meiner Sommervilla und träume über Täler und Berge hinweg nach der fernen, lieben Heimat. Ein wolkenloser, blauer Himmel lacht über der Erde. Von fern her klingt Hundegebell. Vor mir im Grunde, jagen Jäger mit ihren Hunden die Rebhühner. Zuweilen ist mir, als klänge aus dem Dorfe halbrechts Frauenlachen und Kinderjauchzen. Wir Soldaten feiern heute von der Arbeit. Ein schöner Sonntag im Felde.

26. 8.: In der Nacht schweres Gewitter mit strömendem Regen. Das veranlaßt uns doch, unsere Villa umzubauen. Nun ist es vor allem nachts auch wärmer und gemütlicher darin. Auch gegen Granatsplitter sind wir so etwas sicherer. Die erste Post bekommen.

Post von Zuhause — ein kleiner Trost inmitten der Schrecken. Millionen von Briefen, Karten und Päckchen wurden von der Feldpost täglich transportiert.

27. 8.: Zu meiner größten Freude den ersten lieben, langen Brief erhalten. Der Postempfang ist doch die Höhe des Tages. Auf solch einen Brief freut man sich schon Tage vorher, und von dem zehrt man noch Tage nachher.

31. 8., 1½ Uhr nachmittags: Heute morgen 5 Uhr geweckt mit dem Befehl: „Ab 6 Uhr marschbereit!" Bis jetzt sind wir noch nicht abgerückt. Wohin es nun wohl geht! Wahrscheinlich doch in dicke Luft. Na, es komme, was kommt. Die Hauptsache ist, immer seine Pflicht tun. Gott gebe mir immer die nötige Kraft dazu. Man empfindet hier draußen doch noch mehr als daheim, was es heißt, daß unsere Lieben in der Heimat in Frieden wohnen können. Sonst würde

manchem die Pflicht hier draußen doch sehr schwer werden. Die Stimmung in meiner Kompagnie ist auch gut. Um 5 Uhr nachmittags abmarschiert, 12 km weiter links. Wieder in Bereitschaft.

2. 9.: Von 4 Uhr morgens ab mit mehreren Kameraden einen fünfstündigen Spaziergang zwecks Einweisung zu einem Regiments-Gefechtsstand nach vorne.

3. 9.: Schon wieder schießt ein feindlicher Flieger einen unserer Fesselballons ab. Ich glaube, den sechsten in ein paar Tagen. Der Flieger arbeitet mit unglaublicher Kühnheit, scheint ein Spezialist zu sein. Haben uns statt Zelt doch wieder eine ordentliche Bude von schwerem Wellblech gebaut. Für wieviele Tage?

8. 9. (Sonntag): Letzte Nacht Gewitter. Heute kühl und Regen. Befehl: „Um 8½ Uhr abrücken." Unser Bataillon Ruhebataillon. Etwa ½ Stunde hinter der Front. Vzfw. Rautmann, Blum, Brunner und Gieseke und eine M.-G.-Gruppe nach hinten in Führerreserve nach Amifontaine. Marsch von gut 2 Stunden. Schlechter Weg. Scheußlicher Matsch. Nachts schlechte Unterkunft. Am anderen Morgen tadellose Bude gefunden. Mit Vzfw. Mirzwa zusammen.

11. 9.: Mit Draht nach vorne. Vor der 7. Kompagnie Draht gezogen. Es war ziemlich kühl. Ab und zu Regen.

Am 14. September 1918 ist mein Großvater Hermann Wendt gefallen. In seiner Brieftasche lag ein an seine Frau adressierter Brief mit der Bemerkung „Für meinen Todesfall". Meine Großmutter ließ auch ihn veröffentlichen, offenbar im festen Glauben, er könne Leidensgenossinnen aufrichten und Trost gewähren. Er soll darum – mit einigen Auslassungen – auch hier nicht fehlen.   dhw

Im Felde, den 21. 8. 18.

Meine über alles geliebte Frau!

Für den Fall, daß mich das schlimmste Geschick treffen sollte, möchte ich doch ein paar Zeilen aufschreiben. Diese Brieftasche wird dann hoffentlich in Deine Hände kommen. Ich rechne nicht mit dem Schlimmsten, sondern habe stets die glaubensfrohe Zuversicht, daß ich immer vor dem Schlimmsten bewahrt bleiben möge. Es ist mir aber ein Trost, wenn ich auch für den Fall vorgesorgt habe. Augenblicklich ist es hier ja ziemlich ruhig. Hoffentlich bleiben wir vor schweren Kämpfen verschont. Ich möchte Dich, meine geliebte Frau und mein tapferer Kamerad, von ganzem Herzen bitten: „Sei auch nach der schlimmsten Nachricht tapfer und halte Dich aufrecht. Denke daran, daß Du dann unsern lieben Jungens auch den Vater zu ersetzen hast. Richte Dich an ihnen auf und übertrage Deine ganze Liebe, die Du mir immer in so reichem Maße hast zuteil werden lassen, mit auf sie. Trauere nicht unnütz um mich, auch nicht in der Kleidung. Füge Dich mutig in das Unabänderliche. Male Dir in Gedanken nicht Schreckliches und Entsetzliches aus, was in Wirklichkeit nicht gewesen ist. Erziehe die Kinder zu tüchtigen, aufrechten Menschen. Was sie einmal werden, ist dann nebensächlich.

Wenn ich so einsam hier zuweilen draußen liege, dann denke ich doch oft zurück an die schöne Zeit, die wir bis jetzt haben zusammen verleben dürfen. Und da muß ich doch sagen, daß wir doch ganz glücklich gewesen sind. Wenn ich zu Dir mal nicht so war, wie ich hätte sein sollen, so habe ich Dir das jetzt schon tausendmal in Gedanken abgebeten. Dir aber danke ich von ganzem Herzen für alle Liebe, die Du mir gegeben hast. Die schönste Zeit meines Lebens bin ich doch mit Dir zusammen gewesen. Im schlimmsten Falle möge Gott Dir und allen Angehörigen, vor allem auch den lieben Eltern, beistehen, daß Ihr das Leid leichter tragen könnt.

In innigster Liebe   Dein H e r m a n n.

Das Oldenburgische Infanterie-Regiment Nr. 91 der Preußischen Armee war der Infanterieverband der Truppen des Großherzogtums Oldenburg im Deutschen Heer. Ihr Ehrenmal für die gefallenen und vermissten Regimentsangehörigen steht heute auf dem Theodor-Tantzen-Platz.

 Der Herausgeber Dirk H. Wendt hat im Jahre 2022 bei
Books on Demand, Norderstedt, auch eine Reihe von
eigenen Büchern veröffentlicht.
Wenn er zur poetischen Feder greift und verslich philoso-
phiert, bringt er Satirisches, Zeitkritisches, aber auch
Humoriges und Pikantes zu Papier.
Jeweils emotional begleitet wird das von digitalen
aquarell- bzw. aquatinta-ähnlichen Bildern aus der Hand des Autors. Seine
Studien in Sprache und Stil, textlicher Gestaltung und Kommunikation sowie
seine gestalterische Ausbildung und seine lange praktische Arbeit und Erfahrung als Werbetexter und Publizist sowie als Creative Director leisten ihm
dabei gute Dienste. Seine Wurzeln sind in Oldenburg (Oldb), in Berlin studierte
er, in Dietzenbach-Steinberg südlich von Offenbach lebt und wirkt er heute.

Wen es interessiert, der mag schauen bei:
www.BoD.de/Buchshop - Suchwort: Dirk H. Wendt bzw. ISBN-Nr. -
wo man die Werke auch Probe lesen kann.

o Leben - Ehe - Liebe | Zirkus - Rummel - Triebe - Verse zum Vorlesen
    ISBN 9783755786009 | E-Book ISBN 97837552332

o Versolophie und Versolophie 2 - ungeniert + illustriert
    (1) ISBN 9783755748229 | E-Book ISBN 9783755731733
    (2) ISBN 9783756220557 | E-Book ISBN 9783756253401

o Frivolitätchen - Bilder-Lese-Buch für Erwachsene
    ISBN 9783756214532 | E-Book ISBN 9783755731733

o Die Katze und das Mausen - Bilder-Lese-Buch für Kinder
    ISBN 9783755773238 | E-Book ISBN 9783755769118

o Durch die Blume gereimt - Was wir mit der Blumensprache sagen können
    ISBN 9783755794769 | E-Book ISBN 9783754378496

o Zugeflogen - Poesie-Trilogie mit 3 x 61 illustrierten Vier- bis Siebenzeilern
    (1) ISBN 9783756235186 | E-Book ISBN 9783756273577
    (2) ISBN 9783756203437 | E-Book ISBN 9783756291571
    (3) ISBN 9783756243303 | E-Book ISBN 9783756293490